Tim Kimmel

Was mein Kind stark macht

50 praktische Ideen für Eltern

Über den Autor

Dr. Tim Kimmel und seine Frau Darcy sind Gründer von Family Matters®, einer Organisation, die durch Bücher und andere Medien dazu beitragen möchte, dass Familien gestärkt werden. Sie haben selbst vier Kinder und bereits einige Enkelkinder.

Tim Kimmel

Was mein Kind stark macht

50 praktische Ideen für Eltern

Gerth Medien

Die amerikanische Originalausgabe erschien im Verlag
J. Countryman®, a division of Thomas Nelson
unter dem Titel „50 Ways to Really Love Your Kids".

Aus dem Amerikanischen übersetzt von Ulrike Becker.

Best.-Nr. 816 161
ISBN 978-3-86591-161-2
1. Auflage 2007
Umschlaggestaltung: Immanuel Grapentin
Umschlagfoto: Corbis
Fotos Innenteil: Daniel Kocherscheidt
Satz: Immanuel Grapentin
Druck und Verarbeitung: Ebner & Spiegel, Ulm
Printed in Germany

Für Lydia Joy Murray
Es muss auch mindestens 50 Wege geben, wie man seine Enkelkinder wahrhaft lieben kann. Ich werde den Rest meines Lebens damit zubringen, dies mit deiner Hilfe zu üben.
Dein Papa

Wer in meinem Namen solch ein Kind aufnimmt,
nimmt mich auf. Und wer mich aufnimmt,
nimmt nicht nur mich auf, sondern gleichzeitig den,
der mich gesandt hat.
Markus 9,37

Inhalt

Schenken Sie Ihrem Kind …

Vorwort

Liebe den Herrn, deinen Gott, von ganzem Herzen, mit ganzem Willen und mit aller deiner Kraft und deinem ganzen Verstand! Und: Liebe deinen Mitmenschen wie dich selbst!
Lukas 10,27

Mit Kindern erlebt man immer wieder etwas Neues:

Neue Klamotten, neue Maschen, neues Spielzeug, neue Freunde, ein neuer Zeitvertreib.

Neue Maßstäbe für das, was gesund ist; neue Richtlinien in der Schule; neue Anforderungen für die Führerscheinprüfung.

Neue Gründe, sich zu freuen, neue Ursachen für ein gebrochenes Herz, neue Siege, neue Niederlagen.

Neue Hoffnungen, neue Fragen.

Weil wir unsere Kinder lieben – sie wahrhaftig und von Herzen lieben –, werden wir immer auf der Suche nach neuen Wegen sein, ihr kostbares Leben noch besser zu gestalten.

Wie wäre es denn, wenn wir uns neue Wege ausdenken würden, ihnen unsere Liebe zu zeigen? Dabei will Ihnen dieses kleine Büchlein helfen. Sie finden darin 50 ganz praktische Ideen (und noch eine 51ste als Bonus obendrauf), wie Sie Ihre Fähigkeit steigern können, das Beste in Ihren Kindern zum Vorschein zu bringen. Da Sie Ihre Kinder ohne Zweifel lieben, setzen Sie mit Sicherheit bereits einige von den Ideen,

Mein Sohn, höre auf deinen Vater und deine Mutter und folge ihrem Rat!
Sprüche 1,8

die Sie in diesem Buch finden werden, um, und das ist schön für Sie. Aber die Liebe gehört zu den Dingen im Leben, die stets weiterwachsen und neue Dimensionen erreichen können. Und weil Sie wie alle Eltern, die ihre Aufgabe ernst nehmen, Ihre Kinder wirklich von Herzen lieben wollen, geben Sie sich auch nicht mit dem zufrieden, was Sie bisher erreicht haben. Sie wollen nicht, dass Ihre Liebe begrenzt oder gehemmt wird oder einen statischen Zustand erreicht. Darum dieses Buch. Viele der Ideen, die Sie in diesem Buch finden werden, sind Ihnen vermutlich noch nie in den Sinn gekommen. Aber um die Kindheit Ihrer Tochter oder Ihres Sohnes abzurunden, sind diese Tipps unerlässlich. Wenn Sie auf der letzten Seite dieses Buches angelangt sind, werden Sie wissen, was Sie wissen müssen, um Ihre Kinder auf ihrem Weg, zu großartigen Menschen heranzuwachsen, zu begleiten. Ich möchte Ihnen Mut machen, jedem einzelnen der Tipps eine Chance zu geben.

Kinder zu erziehen ist eine heilige Aufgabe. Sie haben die Chance, Ihren Kindern beizubringen, wie sie ein Leben in Fülle und bestimmt von Liebe führen können. Ich wünsche mir, dass die 50 Tipps aus diesem Büchlein dazu beitragen, dass Sie Ihren Kindern ein Vorbild sind, das sie dazu ermutigt, in eine bessere und befriedigerende Zukunft aufzubrechen ... eine Zukunft, die bis in die Ewigkeit hineinreicht.

1

Schenken Sie Ihrem Kind Liebe, die Geborgenheit schafft

Wann haben Sie Ihr Herz an Ihr Kind verloren? Bei manchen Müttern war das bereits zehn Sekunden, nachdem der doppelte Balken auf dem Teststäbchen die Schwangerschaft bestätigte. Mit Sicherheit haben die ersten Bewegungen dieses kleinen Wunders, das da in Ihnen heranwuchs, ein Echo der Liebe in der Tiefe Ihres Herzens hervorgebracht. Bei den Vätern dauert es manchmal etwas länger. Aber spätestens, wenn wir in die Augen dieses kleinen Wesens blicken, das uns nach seiner Geburt in die Arme gelegt wird, gibt es auch für uns kein Entrinnen mehr. Wir haben uns verliebt.

Man kann wohl behaupten, dass alle Eltern ihre Kinder lieben. Doch die Liebe zum Kind – oder all das, was wir tun, um diese Liebe zu zeigen – bedeutet nicht automatisch, dass unsere Liebe auch Geborgenheit schafft.

Ich spreche hier von dieser beständigen, sicheren und unerschütterlichen Liebe, die wir unbedingt auf die Festplatte in der Seele unserer Kinder schreiben müssen. Es ist eine umfassende Liebe, auf die sie zurückgreifen können, wenn ihre Seele Angriffen ausgesetzt ist. Es ist die Art von Liebe, die unsere Kinder ohne Bedenken mit in ihre Zukunft nehmen können.

Liebe, die Geborgenheit schafft, hilft ihnen, wieder aufzustehen, wenn die äußeren Lebensumstände sie in die Knie zwingen. Zum Beispiel, wenn Ihre Tochter ihr Herz an jemanden verschenkt hat, der ihr schließlich sagt, er habe seine Liebe zu ihr verloren; oder wenn Ihr Sohn seine finanzielle Lebensabsicherung verliert; wenn Ihre Kinder entlassen, ausgebootet oder betrogen werden. Es ist die Liebe, die sie selbst dann nicht verzagen lässt, wenn sie allein auf weiter Flur einem erbarmungslosen Feind gegenüberstehen.

Ich habe wirklich gute Neuigkeiten für Sie! Sie können das Fundament für diese Liebe legen, in der Ihre Kinder sicher ruhen können. Sie müssen sich nur an die Quelle jener Liebe wenden, die keine Grenzen kennt und nie versiegt. Ein Gott, der die Mauer der Zeit durchbricht, sich mit den übelsten Seiten unserer Zivilisation abgibt, um für uns ans Kreuz zu gehen, weiß, wie er uns zu einer solchen Liebe verhelfen kann. Und das Beste dabei ist: Gott bietet diese Liebe jedem Menschen an, der ihn darum bittet.

Nach: *Grace-Based Parenting* und *Little House on the Freeway*

2

Schenken Sie Ihrem Kind Liebe, die keine Bedingungen stellt

Liebe von der Stange hat meist so ihre Tücken. Es gibt kaum etwas, das einem den Zugang zum Herzen eines Kindes fester verschließt als Liebe, die sagt: „Ich liebe dich, wenn ...“, oder: „Ich liebe dich, weil ...“ – Liebe, die erst gilt, wenn bestimmte willkürliche Bedingungen erfüllt wurden. Eine solche Liebe macht es unseren Kindern schwer, sich ihr Lachen, ihre Unbeschwertheit und das Feuer in ihren Augen zu bewahren.

Unsere Kinder brauchen Liebe, die sagt: „Ich liebe dich. Punkt.“ Und die brauchen sie vor allem von den Menschen, die ihnen am meisten bedeuten: von Mama und Papa. Sie müssen wissen, dass wir sie aufgrund ihrer guten Leistungen nicht mehr lieben werden; genauso wenig, wie wir sie weniger lieben werden, nur weil sie mal einen schlechten Tag haben (oder gar eine ganze Serie schlechter Tage).

In solchen Augenblicken ist eine klar definierte Liebe die Rettung. Wenn wir uns bewusst machen, was bedingungslose Liebe tatsächlich bedeutet, fällt es uns als Eltern viel leichter, uns diese Liebe in Fleisch und Blut übergehen zu lassen.

Ich habe eine Definition von Liebe, auf die Sie bauen können! Sie funktioniert zu hundert Prozent! Liebe ist:
... wenn ich mich mit meinem ganzen Willen dem widme, was du brauchst und was gut für dich ist, egal, wie viel es mich kostet. Sie können diese Liebe jedem Test unterziehen und Sie werden feststellen: Das ist bedingungslose Liebe.

Aber diese Liebe kostet etwas. Sie werden den Mut aufbringen müssen, Ihren Ängsten die Stirn zu bieten und Ihre Gefühle im Zaum zu halten. Warum? Weil es bei dieser bedingungslosen Liebe nicht um Sie geht, sondern um Ihre Kinder.

Die bedingungslose Liebe weiß, dass die Liebe zu den eigenen Kindern oft unbequem und schmerzhaft ist. Sie wird Sie Geld, Zeit und schlaflose Nächte kosten. Mancher Mutter verlangt sie ganze Jahrzehnte ihrer beruflichen Karriere ab – und obendrein noch ihre schlanke Linie. Väter bezahlen dafür oft mit einer entgangenen Beförderung. Sie werden auf manche Annehmlichkeiten und so manchen kostspieligen Urlaub verzichten müssen. Und mit Sicherheit werden Sie so manches Mal Ihren Stolz besiegen und um Vergebung bitten müssen. Aber dafür haben Sie in Ihrer Brieftasche ein Foto von Ihren Kindern – Kinder, die, wie Gott Ihnen versichern will, all das mit Sicherheit wert sind.

Nach: *Grace-Based Parenting*

3

Schenken Sie Ihrem Kind Liebe, die Raum für Vergebung schafft

Die Seele eines Kindes braucht eine sanfte Hand, egal, ob es sich gerade in einem emotionalen Durcheinander befindet oder in Ängsten gefangen ist oder ob sein gebrochenes Herz in dem tiefen, bergenden Trost unseres Mitgefühls Heilung sucht. Kinder verlieren immer wieder die Orientierung. Manchmal machen sie dabei große Fehler. Sie brauchen einen Ort, an dem Umkehr möglich ist.

Als Erwachsene wissen wir, dass jeder, der ans Kreuz kommt, dort sein schweres Herz und seine scheinbar unheilbaren Verletzungen abladen kann. Das ist eine wunderbare Gnade, die die vertrackte Natur unserer Persönlichkeit nicht beschönigt. Dort erwartet uns, die wir uns so leicht schämen, niemand mit herablassender Haltung. Dort werden uns keine Lektionen erteilt, um uns unsere Tollheiten auszutreiben. Dort macht man sich nicht über unsere Befangenheit lustig. Dort ist nur dieser großzügige Heiland mit seinem sanften Herzen, der weiß, wie unsicher wir uns oft fühlen.

Gott führt keine Sünderkartei über die, die seine Gnade suchen. Auch sucht man vergeblich nach einer Altersbegrenzung für die, die sich auf den Weg zu ihm machen dürfen. Jesus hat gesagt: „Lasst die Kinder zu mir kommen" (Matthäus 19,14; Hoffnung für alle). Doch manche Wege lassen sich leichter an der Hand eines Menschen gehen, der älter und weiser ist als man selbst.

Vergebung leben

Jesus gibt den Menschen die Freiheit, sich auch dann noch sicher zu fühlen, wenn sie gerade ohne ihr übliches Make-up vor ihm stehen. Wenn das Leben die dicken Lagen unserer Selbstsicherheit weggescheuert hat und unsere Fehler und Schwächen das Fundament unserer Selbstgerechtigkeit unterspült haben, lässt sich Jesus von den Schrammen, die dann zutage treten, nicht abschrecken. Es gibt keine Sünde, die so groß, keinen Zweifel, der so umfassend, keine Frage, die so schwer, und kein Herz, das so zerbrochen wäre, dass Jesu Gnade nicht damit umgehen könnte.

Das sind Dinge, die Kinder schon früh lernen sollten. Gott hat uns Eltern die Verantwortung gegeben, Haushalter seiner Gnade zu sein. Wie Sie in diesen sensiblen Fragen reagieren, spielt eine wesentliche Rolle bei der Entscheidung, ob Ihre Kinder überhaupt bereit sind, sich auf den Weg zur Gnade Gottes zu begeben. Und denken Sie an Folgendes: Wenn Sie sich regelmäßig auf diesen Weg begeben, um Ihre eigenen Schwächen zu Gott zu tragen, macht es das Ihrem Kind leichter, Ihnen zu vertrauen, wenn Sie seine Hand fassen und es auf diesem Weg leiten möchten.

Nach: *Grace-Based Parenting*

4

Schenken Sie Ihrem Kind Liebe, die Gottes Gnade widerspiegelt

Wenn es ein Mittel gibt, seine Kinder spüren zu lassen, dass sie geliebt sind, dann dieses: Begegnen Sie Ihrem Kind so, wie Gott Ihnen begegnet. Gottes Art, mit uns umzugehen, ist von seiner Gnade geprägt. Ich nenne das gerne einen „auf Gnade gegründeten Erziehungsstil“.

Warum gerade Gnade?

Warum sollten wir uns unter den vielen möglichen Merkmalen, die unseren Erziehungsstil kennzeichnen könnten, gerade dieses heraussuchen?

Schließlich gibt es eine endlose Liste möglicher Erziehungsmerkmale. Mir fallen auf Anhieb ein paar nette ein: Mut, Klugheit, Cleverness, Konsequenz. Aber keines dieser Merkmale reicht für eine gute Erziehung. Weil keines von ihnen das Herz Gottes widerspiegelt – nicht einmal annähernd. Vielleicht geben sie gerade noch wieder, was wir im Herzen haben. Diese Erziehungsmerkmale sind zu einengend und kaum einladend.

Nur ein Begriff fasst das gesamte Fundament einer guten Erziehung zusammen: Gnade. Sie trifft das, was Gott am Herzen liegt, am umfassendsten. Die Gnade schließt seine Liebe ein, sucht seine Barmherzigkeit und achtet sein Opfer.

Gottes Gnade

Gott hat Sie berufen, ihm einen Gefallen zu tun. Er bittet Sie, dass Sie gegenüber einem kleinen, aber nicht unbedeutenden Teil der kommenden Generation seine Repräsentanten sind. Er braucht Menschen, die seine Stimme, seine Arme, sein Herz sind. Und er hat Sie dazu ausersehen.

Er hat Sie ausgesucht, um ihm bei einem Wunder zu assistieren. Er gab Ihnen Kinder und dazu den Auftrag: „Verleihe diesem kostbaren Leben einen Sinn." Sie fragen: „Wie in aller Welt soll ich das anstellen?"

Die Antwort finden Sie nicht in dieser Welt. Man findet sie nur im Himmel, sitzend auf einem ewigen Thron. Sie besitzt viele Namen, aber einer ihrer lieblichsten Namen ist: „der Gott der Gnade." Wenn Sie sich also fragen, wie Sie Ihre Kinder zu Menschen erziehen können, die Gott dienen und lieben, dann ist die Antwort eigentlich nicht schwer: Sie müssen mit Ihren Kindern nur genauso umgehen, wie Gott mit Ihnen umgeht. Er begegnet Ihnen voller Gnade. Und das Tollste daran ist: Wenn Sie in Ihrer Aufgabe als Eltern nur dieses eine auf die Reihe kriegen – wenn Sie es schaffen, Ihren Kindern in Gnade zu begegnen –, dann wird alles andere auch gut werden.

Nach: *Grace-Based Parenting*

5

Schenken Sie Ihrem Kind Liebe, die gerne vergibt

Es gehört zur Natur unserer Kinder, dass sie uns immer wieder enttäuschen. Sie schaffen es problemlos, unsere schlimmsten Seiten zum Vorschein zu bringen. Wenn wir Kosten und Lohn mal gegeneinander aufrechnen würden, müssten wir uns wirklich fragen, ob sich all die Mühe wirklich lohnt. Und nur allzu leicht könnten wir darüber verbittert werden.

Doch Bitterkeit ist schlimmer als der Tod. Sie ist wie ein Krebsgeschwür, das sich langsam, aber sicher in unser Innerstes hineinfrisst. Nichts ist übler als Eltern, die Groll in sich hegen.

Darum dürfen wir uns nicht mit weniger zufriedengeben als mit absoluter Vergebung. Und genau da klemmt es. Auch wenn wir noch so sehr vergeben möchten, so entdecken wir doch oft, dass in den Korridoren unseres Herzens noch so manches Gespenst aus der Vergangenheit herumspukt. Wandelnde Leichen, groteske, verbitterte Geister, die vor sich hinstöhnen und mit ihren Ketten rasseln. Und warum? Weil wir es versäumt haben, den Menschen zu vergeben, die uns Unrecht getan haben. Wir versuchen immer wieder zu vergeben, aber es fällt uns unendlich schwer, uns von diesen Ketten zu befreien.

Gott hat den Schlüssel.

gerne vergeben

Er will die Schlösser zu unseren Fesseln aufklicken lassen. Er will uns aus dem dunklen Kerker ins Licht führen. Doch das ist nicht leicht. Es erfordert Mut. Möglicherweise ist das der Grund, warum so viele Menschen die Last auf ihren Schultern lieber nur ein wenig verlagern, statt sich zu weigern, sie weiterzutragen. Vielleicht ist das der Grund, warum wir lieber weiter diesen billigen Fusel saufen, den man Rache nennt. Er benebelt unser Gewissen und raubt uns den Blick für die Wahrheit.

Wenn die Verbrechen, die meiner Seele angetan wurden, so groß erscheinen, dass ich sie nicht vergeben kann, gibt es nur eines: Ich muss den Berg der Vergebung erklimmen, der im Zentrum der Zivilisation steht. Oben ist er eben. Das Gras, das zu Füßen des hölzernen Kreuzes darauf wächst, wiegt sich im frischen Wind der Freiheit. Dort findet jeder Hilfe für seine Verletzungen. Und die Mütter und Väter, die diesen Berg regelmäßig besteigen und seine Kraft in Anspruch nehmen, schenken ihren Kindern etwas, das jedes Kind braucht, um im Leben bestehen zu können: ein lebendiges Vorbild, das gerne bereit ist zu vergeben. Wenn unsere Kinder selbst immer wieder Vergebung empfangen haben, werden sie sie auch viel leichter anderen zuteilwerden lassen können.

Nach: *Homegrown Heroes* und *Little House on the Freeway*

6

Schenken Sie Ihrem Kind Liebe, die für ihre Zärtlichkeit bekannt ist

Ich möchte Sie in ein Geheimnis einweihen: Gott hat die Haut unserer Kinder fest mit ihrer Seele verbunden. Und weil er das getan hat, ist die Zärtlichkeit, die wir unserem Kind entgegenbringen, eines der wunderbarsten Mittel, ihm tief in seinem Innersten ein Gefühl von Liebe und Geborgenheit zu vermitteln. Die Umarmungen und Küsse, die unsere Kinder von Vater und Mutter empfangen, bilden in ihrem Herzen ein Liebesdepot, das sie selbst durch die schlimmsten Augenblicke des Lebens tragen kann.

Natürlich werden sie irgendwann zu groß für unseren Schoß. Und es mag sein, dass ihr Peinlichkeitsempfinden es irgendwann nicht mehr gestattet, dass wir ihnen vor ihren Freunden unsere Zuneigung zeigen. Manche Kinder machen sogar eine Phase durch, in der sie sich von ihren Eltern regelrecht abwenden. Aber trotzdem brauchen sie bewusste Berührungen – und tief in ihrem Innersten sehnen sie sich auch danach.

Mir fällt dabei ein talentierter Musiker ein. Der inzwischen verstorbene Pianist Andor Foldes erinnerte sich einmal daran, wie Lob und Zärtlichkeit ihn zu Beginn seiner Karriere ermutigt hatten. Er war damals 16 gewesen und bereits sehr talentiert, doch durch einen Streit mit seinem Klavierlehrer befand er sich in einem schweren Formtief. Da kam Emil von Sauer, einer der bekanntesten Pianisten seiner Tage, zu ei-

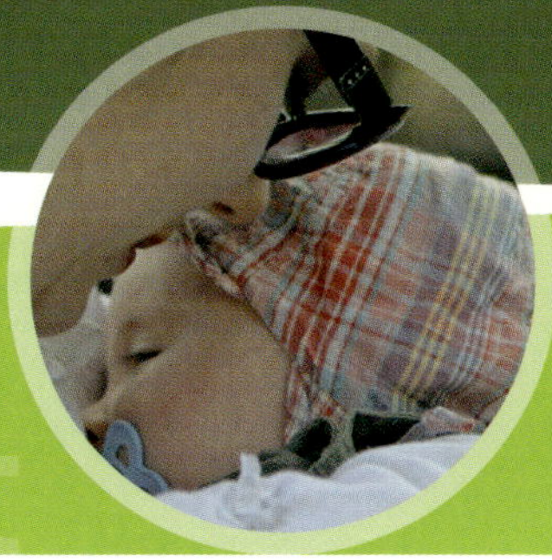

nem Konzert in die Stadt. Von Sauer war nicht nur für seine Künste am Klavier berühmt, er konnte sogar von sich behaupten, der letzte noch lebende Schüler von Franz Liszt zu sein.

Von Sauer forderte Foldes auf, ihm etwas vorzuspielen. Foldes kam dieser Aufforderung nach, indem er einige der schwierigsten Stücke von Bach, Beethoven und Schumann vortrug. Als er geendet hatte, kam von Sauer zu ihm ans Klavier und küsste ihn auf die Stirn.

„Mein Sohn", sagte er, „als ich so alt war wie du, wurde ich Liszts Schüler. Nach meiner ersten Stunde küsste er mich auf die Stirn und sagte zu mir: ‚Achte gut auf diesen Kuss. Ich bekam ihn von Beethoven, nachdem er mich hatte spielen hören.' Ich habe Jahre darauf gewartet, dieses heilige Erbe weiterzureichen, und nun denke ich, dass du seiner würdig bist."

Wie der Kuss Beethovens Foldes Kraft gab, so werden auch unsere Kinder in den Herausforderungen ihrer Kindheit und in den dunklen Korridoren ihrer Zukunft Kraft aus den Liebesreserven ziehen können, die wir durch unsere Zärtlichkeit aufbauen.

Nach: *Little House on the Freeway*

7

Schenken Sie Ihrem Kind Liebe, die von Werten getragen wird

Als ich mein Studium begann, meinen Weg zwischen den Elfenbeintürmen der Theologie hindurchmanövrierte und schließlich nach meinem Abschluss in den Gemeindedienst ging, war ich in vielerlei Hinsicht naiv. Ich hatte zum Beispiel keine Ahnung, wie genau man mich beobachten würde.

Es dauerte nicht lang, bis ich herausfand, dass die Leute mich mit einem viel strengeren Maß beurteilten als sich selbst. Schließlich ist der Pastorendienst ein Beruf, der Charakter verlangt. Bei dieser Sorte Broterwerb wird von dir verlangt, dass du das, was du predigst, auch selbst lebst. Jemand kann ein ausgezeichneter Installateur sein, selbst wenn er seine Frau betrügt, oder ein berühmter Anwalt, selbst wenn er sich jede Nacht betrinkt. Aber versuchen Sie einmal, mit diesen Lastern davonzukommen, wenn Sie auf der Kanzel stehen. Sie werden sich bald einen neuen Job suchen müssen.

Und wissen Sie was?

Elternsein ist auch ein Beruf, der Charakter verlangt!

Die Kinder, die unter unserem Dach schlafen, unseren Kühlschrank leer räumen und unsere Fernbedienung zum Glühen bringen, lassen bei uns fünf nicht gerade sein. Wenn sie herausfinden, dass wir mal Mist bauen, merken sie sich das. Und deshalb ist es so wichtig, dass wir jede Anstrengung unternehmen, um ihnen ein gutes Vorbild zu sein.

Werte tragen

Natürlich versagen wir alle hin und wieder. Wir Eltern haben nun mal die schlechte Eigenschaft, Menschen zu sein. Aber unsere menschlichen Schwächen dürfen uns nicht als Ausrede dienen, unsere eigenen Wertmaßstäbe schleifen zu lassen. Die gute Nachricht dabei ist, dass die Liebe alle Fehler zudeckt. Die schlechte Nachricht ist, dass unsere Kinder dazu neigen, gerade dort unserem Vorbild zu folgen, wo unsere Fehler am deutlichsten hervortreten.

Und darum müssen wir um Charakterstärke ringen, wenn wir möchten, dass unsere Kinder sich an unserem Vorbild orientieren. Das ist ein Vollzeitjob. Kinder, die von tugendhaften Eltern durch die Kindheit geleitet werden, haben es als Erwachsene leichter. Man kann über ethische Grundsätze nicht diskutieren. Über Wahrheit lässt sich nicht streiten. Ehrbar, vertrauenswürdig und zuverlässig zu sein wird demjenigen wesentlich selbstverständlicher erscheinen, der diese Eigenschaften beständig an seinen Vorbildern beobachten konnte. König Salomo hat es treffend ausgedrückt: „Wer rechtschaffen ist und untadelig lebt, dessen Kinder können von Glück reden“ (Sprüche 20,7).

Nach: *Raising Kids Who Turn Out Right*

8

Schenken Sie Ihrem Kind Liebe, die eine hoffnungsvolle Zukunft verheißt

Alles ist nichtig – abgesehen von der Hoffnung. Hoffnung ist wie der Sauerstoff für ein erfolgreiches Leben. Nehmen Sie den weg und alles verliert seinen Sinn. Ohne das Vertrauen, dass Gott die Zukunft in seinen Händen hält, kann man unmöglich ein zufriedenes Leben führen. Und schlimmer noch: Ohne die Hoffnung Gottes geben die Menschen sich viel zu früh auf und sterben in früherem Alter.

Eltern, die ihre Kinder zu starken, selbstbewussten, widerstandsfähigen Erwachsenen erziehen wollen, müssen erkennen, wie fundamental das Bedürfnis ihrer Kinder nach Hoffnung ist. Doch das zu erkennen ist nur die halbe Miete. Wir müssen auch begreifen, welche Rolle die Gnade in dieser Gleichung spielt. Gnade und Hoffnung sind miteinander verwandt. Wenn Kindern etwas geschenkt wird und sie wissen, wie viel es gekostet hat, dieses Geschenk zu machen, dann stärkt dies ihr Vertrauen darauf, dass es Dinge im Leben gibt, auf die es sich zu hoffen lohnt. Wenn Kinder durch Hoffnung getragen werden, die mit Gnade bedacht ist, fällt es ihnen viel leichter, Träume zu haben, Vertrauen aufzubauen und sich für Höheres einzusetzen.

Eltern, die ihre eigene Seele fest in der Hoffnung verankert haben, sind bessere und zufriedenere Menschen und schlichtweg die erfolgreicheren Eltern.

Das liegt daran, dass Gott uns für unsere Familie zu einem Licht auf dem Hügel gemacht hat. Und nun ist es unser Job, so eindeutige Signale zu senden, dass unsere Kinder sich daran orientieren können, nicht den Kopf verlieren und sicher in die Zukunft steuern. Wir sollen sie warnen, sich von Klippen und Untiefen fernzuhalten. Wir sollen sie wieder sicher zurück in die Fahrrinne geleiten, wenn sie vom Kurs abgekommen sind. Wir sind ihr fester Leuchtturm, der ihnen in den stürmischen Jahren ihrer Kindheit den Weg zeigen soll, damit sie das blaue Gewässer der Zukunft erreichen.

Wenn Träume auf Sand gebaut sind, dann ist Hoffnung auf Zement gegründet. Sie ist ein Bollwerk, das den heranrollenden Wellen eines stürmischen Lebens widersteht. Sie ist das feste Vertrauen darauf, dass die Zukunft sich lohnt. Aber sie braucht ein göttliches Gewand. Hoffnung, die allein das Produkt menschlicher Weisheit ist, ist nicht von Dauer. Wenn wir zulassen, dass die Liebe Gottes ihren kreuzförmigen Schatten auf unser menschliches Sein wirft, verleihen wir unserer Hoffnung ewiges Leben.

Nach: *Grace-Based Parenting*

Schenken Sie Ihrem Kind Liebe, die wahre Größe widerspiegelt

Zusammen mit dem ganzen Volk hatte
auch Jesus sich taufen lassen.
Gleich darauf, während er betete, öffnete
sich der Himmel. Der Heilige Geist kam sichtbar
auf ihn herab, anzusehen wie eine Taube.
Und eine Stimme sagte vom Himmel her:
„Du bist mein Sohn, dir gilt meine Liebe,
dich habe ich erwählt."

Lukas 3,21-22

9

Schenken Sie Ihrem Kind Liebe, die wahre Größe widerspiegelt

Eigentlich ist es ganz einfach: *Irgendwo* landen unsere Kinder in jedem Fall. Irgendeinen Kurs werden wir ihrem Leben geben. Warum bringen wir sie dann nicht auf den Kurs zu *wahrer Größe*? Was ist wahre Größe? Wahre Größe ist ein Leben, das zum Ziel hat, Gott zu lieben und anderen mit ganzem Herzen zu dienen. Wenn Sie die Alternativen bedenken, ist es doch gar nicht so verkehrt, Ihrem Kind ein Ziel zu setzen, das in Ewigkeit Bestand hat.

Ich weiß, was Sie jetzt denken: *Das kann ich nicht. Ich habe nicht das Zeug dazu.*

Was ist denn los mit Ihnen? Denken Sie etwa an die zwei linken Füße, mit denen Sie heute Morgen aufgestanden sind? Machen Sie sich darüber keine Gedanken. Gott hat schon immer das, was nichts gilt, benutzt, um das, was etwas gilt, zunichtezumachen. Und wie steht es mit all den Dingen, die Sie getan haben, aber inzwischen bereuen? Wie wäre es, wenn Sie zulassen, dass Gott diese Dinge ein für alle Mal bereinigt? Nun sagen Sie vielleicht: „Mich drücken immer noch meine Unzulänglichkeiten, mein Mangel an Weisheit, meine schlechten Erfahrungen. Und mit diesen Ängsten, die tief in mir drinstecken, scheine ich auch niemals fertig zu werden." Ich kann Ihnen sagen: Gott macht Krummes gerade. Außerdem, Kinder zu wahrer Größe zu erziehen hat weniger etwas damit zu tun, was Sie leisten, als vielmehr damit, wer Sie sind. Unsere Kinder brauchen nur eine Ahnung davon zu bekommen,

wie Größe aussieht, wie sie sich anfühlt, schmeckt, riecht und klingt. Und das können Sie erreichen, indem Sie ihnen eines vorleben: Gnade – anderen so zu begegnen, wie Gott uns begegnet.

Lassen Sie zu, dass die Gnade jede Faser Ihres Seins durchdringt. Lassen Sie Ihr Denken, Wollen, Fühlen und Ihren ganzen Geist erfüllt sein von Gnade. Machen Sie die Gnade zu einer Herzenshaltung, zur Aufgabe Ihrer Hände und zur Botschaft Ihres Gesichtsausdruckes. Wenn Ihre Kinder diese Gnade jeden Tag erleben, wird es leicht sein, sie daraufhin auszurichten.

Gott hat Ihnen ein großes Maß an Vergebung geschenkt. Er hat Sie innerlich verwandelt. Und er möchte Großes durch Sie tun. Lassen Sie zu, dass er allen Egoismus, alle Verwirrung, alle Hintergedanken und alle Angst von Ihnen nimmt. Lassen Sie stattdessen in allem, was Sie tun, einen großartigen Vater oder eine großartige Mutter aus sich herausscheinen.

Lieben Sie mit einem großen Herzen! Tun Sie, was Sie nur können! Vergeben Sie gerne! Seien Sie stets bereit, um Verzeihung zu bitten! Ermutigen Sie gerne und viel! Machen Sie keine großen Worte! Spielen Sie mit Begeisterung! Denken Sie viel nach! Dienen Sie mit Eifer! Und ... beten Sie Gott von ganzem Herzen an!

Nach: *Raising Kids for True Greatness*

10

Schenken Sie Ihrem Kind Liebe, die ihre Quelle in Gott hat

Um eine Divisionsaufgabe zu lösen, muss man einen gemeinsamen Nenner finden. Um Kinder großzuziehen, die spüren, dass ihre Eltern sie von ganzem Herzen lieben, muss man auch einen gemeinsamen Faktor finden. Darf ich Ihnen einen vorschlagen, der immer passt? Eltern, die mit der Einstellung leben, dass Gott ihr Leben ist.

Sie bauen keine Hierarchien auf wie so viele andere: Gott, mein Ehepartner, meine Kinder, meine Freunde, meine Arbeit, meine Gemeinde usw. Nein. Ihre Liste sieht eher so aus: Da ist Gott, und dann ist da Gott und mein Ehepartner, Gott und meine Kinder, Gott und meine Freunde, Gott und meine Arbeit, Gott und meine Gemeinde, Gott und das, was mich freut, Gott und meine Fehlschläge, Gott und alles, was mir tagtäglich begegnet. Wenn Kinder bei Eltern aufwachsen, deren Herz für Gottes Ehre schlägt, wird ihr Herz mit größerer Wahrscheinlichkeit ebenfalls für Gott schlagen.

Wenn wir uns wirklich wünschen, dass unsere Kinder später einmal ein überfließendes Leben führen, müssen wir ihnen zeigen, wie ein solches Leben aussieht. Wir dürfen diese Aufgabe nicht den geistlichen „Fachleuten" überlassen. Wir als Botschafter der Liebe, Kraft und Gnade Gottes haben hier die Hauptverantwortung. Wenn das alles in uns lebt, werden unsere Kinder es auch an uns entdecken.

Gott ist die Quelle

Egal, wie es in Ihrem Herzen auch aussehen mag, Gott kann Sie gebrauchen. Er beruft einfache Leute für große Aufgaben, Einfältige macht er berühmt, Schwachen schenkt er den Sieg und die Verkrüppelten und Einsamen bringt er ins Ziel. Mit ihm können wir alles; ohne ihn bleibt uns nicht einmal ein Gebet.

Wir müssen unseren Söhnen und Töchtern zeigen, wie man Gottes Kraft im eigenen Herzen brennen lässt. Das wird ihnen helfen, Spott zu widerstehen und sich mit solchen Menschen zu umgeben, die ihren Glauben teilen. Wenn sie beschließen, Gott zu vertrauen, wird ihr Leben herausragender sein, als Sie es sich vorstellen können. Ihre Kinder werden beweisen, dass man kein Star sein muss, um attraktiv zu sein; dass man keine einflussreichen Freunde braucht, um etwas darzustellen; dass man kein Geld braucht, um reich zu sein, und keine Titel, um in der Welt etwas zu bewegen ... und dass man nicht groß sein muss, damit andere zu einem aufsehen.

Das sind nur einige Beispiele dafür, wie das Leben Sinn bekommt, wenn wir unsere Quelle in Gott haben.

Nach: *Homegrown Heroes* und *Raising Kids for True Greatness*

11

Schenken Sie Ihrem Kind Liebe, die Fehler eingesteht

Falls Sie meinen, einen Platz in der Galerie der Eltern verdient zu haben, die ihren Job so richtig vermasseln, müssen Sie sich bitte hinter mir anstellen. Keiner von uns wird dieser Aufgabe voll und ganz gerecht. Jeder von uns hat seine Kinder schon mehr als einmal enttäuscht. Wir haben aus Nichtigkeiten Krisen und aus Maulwurfshügeln Berge gemacht, und wir haben – nur weil wir die Macht dazu hatten – sogar nach den zarten Herzen unserer Kinder gegriffen und ihnen wehgetan.

Gott hat die Vergebung zu seinem Job gemacht. Er holt gerne den Schwamm heraus, um die Tafel zu wischen, auf der unsere vielen Verfehlungen festgehalten sind. Das Auslöschen dieser Daten hat seinen Preis, doch Gott ist bereit, ihn für uns zu bezahlen.

Wenn Sie ähnlich veranlagt sind wie ich, dann brauchen Sie Gott, der zu Ihnen sagt: „Es ist alles in Ordnung. Ich vergebe dir. Ich helfe dir, dass du nach diesem Fehler im Umgang mit deinen Kindern wieder auf die Beine kommst." Es fängt damit an, dass wir ihn um dieses Geschenk der Vergebung bitten. Bitten Sie ihn, dass er Ihnen hilft, die tiefsten Bedürfnisse Ihrer Kinder zu stillen. Sagen Sie ihm, wie sehr Sie sich wünschen, Ihren Kindern nicht einfach nur Liebe, sondern *sichere* Liebe und Geborgenheit vermitteln zu können – eine Liebe, die sie ihr ganzes Leben hindurch begleiten wird. Er ist der, der vergibt. Vergebung ist sein Ein und Alles.

Und noch etwas: Sie werden auch Ihre Kinder um Vergebung bitten müssen. Es kostet Mut, seine Schuld einzugestehen und zuzugeben, dass man etwas falsch gemacht hat. Es erfordert Mut, seinen Stolz zu überwinden, diese Kröte zu schlucken und sich den Konsequenzen zu stellen.

Feiglinge kämpfen um ihren falschen Stolz und ihre unverzeihlichen Taten. Sie schieben den Schwarzen Peter anderen zu und machen Unschuldige zu ihrem Sündenbock. Mutige Eltern schauen denen, denen sie Unrecht getan haben, in die Augen und gestehen ihr Unrecht offen ein. Wenn Sie Ihrem dreijährigen Sohn sagen, dass Sie ihm Unrecht getan haben, wird er vielleicht weinen. Aber das sind keine Tränen der Wut, da können Sie sicher sein! Es sind Tränen voll Stolz und Vertrauen in Eltern, die sich nicht scheuen, ihre persönlichen Fehler mutig einzugestehen.

Vor allem lasst nicht nach in der Liebe zueinander!
Denn die Liebe macht viele Sünden wieder gut.
1. Petrus 4,8

Nach: *Grace-Based Parenting* und *Basic Training for a Few Good Men*

12

Schenken Sie Ihrem Kind Liebe, die mit Gottes Fülle rechnet

Menschen, die mit Gottes Fülle rechnen, sind die besten Eltern für ein Kind. Wer im Umgang mit seinen Kindern mit Gottes Fülle rechnet, schafft automatisch das beste Umfeld, in dem seine Kinder zu Menschen heranwachsen können, deren Leben in jeder Hinsicht von wahrer Größe gekennzeichnet ist. Mit solchen Menschen ist man gern zusammen, man kann gut mit ihnen zusammenarbeiten und ihr Anblick ist in der Regel auch angenehmer. Weil ihr Leben nicht von Furcht bestimmt wird und sie Ängste eher als Herausforderung ansehen, ist ihr Gesicht weniger vom Leben gezeichnet. Sie sind glücklich, großzügig und besitzen eine positive Lebenseinstellung. Kindern, die bei Müttern und Vätern aufwachsen, die gerne lächeln, jubeln, singen, tanzen und lachen, fällt es leichter, selbst so zu sein.

Es macht mir ungeheuren Spaß, solche Eltern in Aktion zu erleben. Sie gehen von der Annahme aus, dass das Gute im Leben unerschöpflich ist. Und das gibt ihnen die Freiheit, nichts von dem, was ihnen geschenkt wird, krampfhaft festzuhalten. Mit solchen Eltern macht der Urlaub riesigen Spaß. Auch ist es schön, solche Menschen in Krisenzeiten um sich zu haben. Sie handeln mit Bedacht, sind innerlich im Gleichgewicht und behalten auch dann noch einen kühlen Kopf, wenn der Druck von außen wächst. Und übrigens: Es macht Spaß, mit ihnen gemeinsam zu Tisch zu sitzen. Gerüchten zufolge ist es auch angenehm, morgens mit ihnen zusammen aufzuwachen. Da ist es vermutlich keine Überraschung, dass solche Eltern ihre Kraft aus dem Gott beziehen, der gekommen ist, um uns Leben in der Fülle zu schenken (vgl. Johannes 10,10).

Mit Gottes Fülle rechnen. Warum wollen Sie das nicht auch mal versuchen? Lehnen Sie sich zurück und beobachten Sie, wie es Sie und andere verändert. Ein solcher Lebensstil wird die Segel Ihres Kindes mit einem beflügelnden Wind füllen, der sie voller Begeisterung in das tiefe Wasser des Erwachsenseins segeln lässt.

Nach: *Raising Kids for True Greatness*

13

Schenken Sie Ihrem Kind Liebe, die auf die Ewigkeit schaut

Die Tatsache, dass wir von einem unendlichen Weltall umgeben sind, ist kein Zufall.

Sie soll uns an etwas erinnern.

Sie lässt uns die Dinge in einem anderen Licht sehen, wenn wir sie vor dem Hintergrund der Ewigkeit betrachten. Egal, was es ist: Beziehungen, Erfolge, ja, selbst Enttäuschungen schauen völlig anders aus, wenn wir sie durch die Brille der Ewigkeit betrachten.

Eine solche Weltsicht ist der Schlüssel zu Frieden und Zufriedenheit. Vergebung schenkt uns die Fähigkeit zu lieben. Klare Grenzen setzen klare Ziele. Die Ewigkeit vermittelt uns eine feste Hoffnung. Darum wägen kluge Eltern das Tagesgeschehen auf der Waagschale der größeren Absichten Gottes. Unsere Kinder können die Höhen und Tiefen ihres Lebens leichter verstehen, wenn wir sie an ihr ewiges Erbe erinnern. Sie müssen wissen, dass sie keine Produkte des Zufalls auf einem Planeten ohne Sinn und Zweck sind. Unser Heute ist kein Zufall, unser Morgen ein Teil der Ewigkeit.

Ohne diese Perspektive der Ewigkeit sind wir dazu gezwungen, alles, was uns widerfährt, als rein willkürlich und oberflächlich anzunehmen. Unser Wert wird dann zu einer Folge unserer Leistungen; Zufriedenheit eine Folge dessen, was wir uns leisten können. Letztlich ersetzen wir echtes Leben durch die Sehnsucht nach Leben, Zufriedenheit durch

Hetze und innere Ruhe durch Ängste. Wenn dieses Leben alles ist, was uns bleibt, sind wir gezwungen, alles, was wir uns wünschen, an uns zu reißen – und zwar so schnell wir nur können.

Was wir brauchen, ist die Fähigkeit, unsere Lebensentscheidungen so zu fällen, dass wir Beziehungen von ewigem Bestand nicht für zeitlich begrenzten Gewinn aufs Spiel setzen. Die Perspektive der Ewigkeit hilft uns dabei. Eltern, die erkennen, dass Beziehungen wichtiger sind als persönlicher Gewinn oder die eigene Zufriedenheit, wird es eher gelingen, die Herzensbeziehung zu ihren Kindern lebendig zu erhalten. Sie prüfen ihre tagtäglichen Entscheidungen an einem Raster, das nicht zulässt, dass Dinge, die nur einen Augenblick oder vielleicht sogar ein Menschenleben lang Bestand haben, wichtiger werden als eine Person, die ewig bleibt.

Ein einfacher Grundsatz trifft es genau: *Opfern Sie niemals das, was von Dauer ist, auf dem Altar dessen, was im Augenblick wichtig scheint*. Behalten Sie dies bei allem, was Sie tun, im Blick. Dann werden Ihre Kinder in ihrem Leben wesentlich weiter kommen. Und übrigens nicht nur Ihre Kinder, sondern auch Sie selbst. Sehr viel weiter. Nämlich bis in die Ewigkeit.

Nach: *Little House on the Freeway*

14

Schenken Sie Ihrem Kind Liebe, die sein wahres Potenzial erkennt

Vergleichen ist Gift in der Kindererziehung. Es raubt Ihnen nicht nur die Freude, es erstickt auch Ihre Fähigkeit, die Schätze, die tief in Ihrem „durchschnittlichen" Kind verborgen liegen – ein Kind, das als Ebenbild Gottes geschaffen wurde –, ans Tageslicht zu fördern.

Verschlimmert wird dies noch durch die traurige Tatsache, dass unsere Kinder es immer mitbekommen, wenn wir sie mit den perfekten Idealkindern vergleichen, die in unserer Gesellschaft gefeiert werden. Sie bekommen dadurch das Gefühl, dass sie die Hoffnungen, die wir in sie gesetzt haben, enttäuschen.

Man tappt sehr leicht in diese Falle. Wir leben in einem Umfeld, in dem Schönheit, Talent und Leistung 24 Stunden am Tag und 7 Tage die Woche in den höchsten Tönen gepriesen werden. Und oft sind es unsere besten Freunde, die Großeltern oder ältere Geschwister, die diesen Chor gesellschaftlicher Lobeshymnen anführen. Wie gut jemand im Sport abschneidet, wie viele Punkte er in der Schule erzielt, wie modisch er (oder sie) gekleidet ist, wie dick oder dünn er ist – all das prägt die unbewusste Messskala. Und obwohl nur wenige diesen Maßstäben genügen, werden sie trotzdem zur Messlatte für viele frustrierte Eltern – und Kinder.

Potenzial erkennen

Halten Sie doch mal einen Augenblick lang inne. Treten Sie einen Schritt zurück, um das ganze Bild zu betrachten. Wer steckt denn hinter dem Drang, sich und andere zu vergleichen, der diese Welt beherrscht? Als ich dieser Frage das letzte Mal nachging, war es eine Schlange, die sich durch den Garten Eden schlängelte. Seitdem hat sich daran nichts geändert. Die Lügen im Bezug darauf, was im Leben zählt, sind immer noch die gleichen, selbst wenn heute eine ganze Generation an ihnen festhält.

Doch da ist noch eine andere Stimme, die Ihren Namen flüstert. Auch wenn unsere Gesellschaft versucht, diese Stimme zu übertönen, so dringt sie trotzdem noch durch den Lärm des ständigen Vergleichens hindurch. Gott erinnert uns daran, dass unsere Kinder mit dem tiefen Bedürfnis geboren wurden, eine Bedeutung in dieser Welt zu haben. Dieses Verlangen nach Lebenssinn rührt daher, dass sie eines der erstaunlichen Kunstwerke Gottes sind. Gott will, dass jeder Mensch sein Potenzial entdeckt und entfaltet. Das ist die Stimme, die in unserem Herzen widerhallen möchte, wenn wir unsere Kinder betrachten. Gott will, dass wir unsere Kinder mit seinen Augen sehen und erkennen, wie außergewöhnlich unsere durchschnittlichen Kinder eigentlich sind.

Nach: *Extraordinarily Average*

15

Schenken Sie Ihrem Kind Liebe, die ihm in seinen Zweifeln beisteht

Zweifel gehören zum Leben. Und unsere Kinder werden von ihnen besonders häufig verfolgt. Wir können ihnen helfen, ihren Glauben zu festigen, indem wir selbst so leben, dass wir in dunklen Zeiten nicht an den Dingen zweifeln, die Gott in den hellen Zeiten ganz deutlich gezeigt hat.

Dabei kommt mir der Rat in den Sinn, den König George VI. von England seinem besorgten, von Zweifeln geplagten Empire gab. Damit Sie seine Worte verstehen können, muss ich Sie kurz nach London entführen. Es ist Heiligabend im Jahr 1939. Der König hält gerade seine jährliche Weihnachtsansprache. Er will seinen treuen Untertanen Mut und Hoffnung zusprechen, was jedoch gar nicht so einfach ist. Jenseits des Ärmelkanals wütet das Gift der Nazidiktatur und ergießt sich über Polen, die Niederlande und die Länder jenseits des Rheins. Hitlers Ziel ist eindeutig: Er will von Europa Besitz ergreifen.

Allen ist klar, dass England Hitlers größte Herausforderung darstellt. Sein Ziel, Europa zu beherrschen, kann er nur erreichen, wenn er das britische Imperium in die Knie zwingt. Alle wissen, dass es nur noch eine Frage der Zeit ist, bis die deutsche Luftwaffe den Himmel über London verdunkelt und ihre todbringenden Bomben über die britische Bevölkerung regnen lässt.

Zweifel überwinden

Um inmitten der Verzweiflung Hoffnung zu bringen und angesichts der sicheren Katastrophe Mut zu machen, zitiert der König die Worte einer Frau namens Minnie Louise Haskins. Diese Worte sind das Treffendste, was der König am Vorabend des Krieges sagen kann. Und sie sind der beste Rat, den ich verantwortungsbewussten Eltern geben kann, die ihre Kinder inmitten einer Kultur des Zweifels zum festen Glauben erziehen wollen. König George sagte damals:

„Ich sagte zu dem Mann, der am Tor des neuen Jahres stand: ‚Gib mir eine Lampe, damit ich meinen Weg ins Unbekannte sicher gehen kann.' Und er antwortete mir: ‚Geh in die Finsternis hinein und lege deine Hand in die Hand Gottes. Das ist besser für dich als eine Lampe und sicherer als die wohlbekannten Wege.'"

Das waren damals bereits weise Worte und sie besitzen bis heute Kraft.

Nach: *Why Christian Kids Rebel*

16

Schenken Sie Ihrem Kind Liebe, die gelassen bleibt, wenn sein kindlicher Glaube sich bewähren muss

Vater und Tochter, Musik von den *Poconos*, Weihnachtsferien ... Es ist schon viele Jahre her. Es hätte kein hübscheres Bild sein können. Die Stimmung hätte nicht angenehmer sein können. Wir fuhren entlang eines Flusses durch eine Allee. Die Blätter vom letzten Herbst wurden hochgewirbelt, während wir schweigend die Straße entlangfuhren. Ich war mit meiner Welt rundum zufrieden.

Plötzlich brach meine Tochter Karis die Stille und fragte: „Daddy, was, wenn es nicht wahr ist?"

Ich schaute sie an: „Wenn was nicht wahr ist, mein Schatz?"

„Was, wenn all das mit Jesus und der Bibel nicht wahr ist?"

Meine Alarmglocken schrillten. Auf einmal wurde dieser so schöne Tag ganz kalt. Mein Instinkt riet mir, meine Bibel zur Hand zu nehmen und ihr Glaubenssystem einer eingehenden Prüfung zu unterziehen. Aber dafür war jetzt nicht der richtige Augenblick. Ein kleines Mädchen stellte mir eine ehrliche Frage. Und sie brauchte eine Antwort, keine Reaktion.

Ich fuhr den Wagen an den Straßenrand, blieb einen Moment lang still sitzen, sprach im Stillen ein Stoßgebet und versuchte, mir darüber klar zu werden, wie ich ihre Frage am besten beantworten konnte.

Sie entschloss sich, ihre Frage näher zu erläutern: „Was ich meine, ist ... nun, ich habe mich gefragt, wie ich sicher sein kann, dass all die Geschichten aus der Bibel wahr sind. Aber ich hatte Angst, dass es verkehrt wäre, daran zu zweifeln."

„Nein, Karis", sagte ich, „zu zweifeln ist nicht verkehrt. Es ist menschlich. Ich habe auch schon gezweifelt. Schon oft. Genau deshalb kommt es ja so sehr auf das Vertrauen an. Gott schenkt uns genügend Hinweise und Informationen, damit wir eine kluge Entscheidung treffen können. Aber er füllt nicht alle Leerstellen. Er lässt uns ausreichend Raum, damit wir uns entschließen können, ihm zu vertrauen. Ich mache mir keine Sorgen, wenn du hin und wieder Zweifel hast. Ich wäre nur in Sorge, wenn du zulassen würdest, dass diese Zweifel dein Leben bestimmen."

Der Glaube unserer Kinder ist noch keine sichere Sache, nur weil sie irgendwann einmal in ihrem Leben ein entsprechendes Gebet gesprochen haben. Er ist ein Weg, eine lebenslange Wanderschaft hin zu Gott. Und unsere Aufgabe, ihnen darin ein Vorbild zu sein, ist niemals zu Ende. Und wenn wir den Glauben in unserem Alltag leben, werden auch wir von der Verheißung profitieren, nämlich „dass er alle belohnen wird, die ihn suchen und nach seinem Willen fragen" (Hebräer 11,6; Hoffnung für alle).

Nach: *Raising Kids Who Turn Out Right*

17

Schenken Sie Ihrem Kind Liebe, die seine Abenteuerlust weckt

Ein Kind sollte den Raum haben, sich auszutoben, die Möglichkeit, auch mal Lärm zu machen und hin und wieder ein überschaubares Risiko einzugehen. Ein Leben mit Abenteuern steigert das Potenzial, das Gott in das Herz und das Denken unserer Kinder hineingelegt hat. Wenn Kinder in jungen Jahren große Abenteuer erlebt haben, wird ihr Denken angeregt, ihre körperlichen Fähigkeiten werden herausgefordert, ihre Emotionen besänftigt und ihr Mut wird beflügelt. Und wenn wir schon beim Thema sind: Kinder müssen auch ein großes geistliches Abenteuer bestehen, das sie dazu zwingt, Gott zu vertrauen und am eigenen Leib zu erleben, wie groß und wunderbar er tatsächlich ist.

Und da liegt das Problem. Wenn Eltern ihren Finger befeuchten und in den Wind der allgemeinen Meinung halten, bekommen sie die deutliche Botschaft, dass sie ihre Kinder *behütet* großziehen sollen.

Wie traurig.

Traurig? Was ist falsch daran, sein Kind behütet aufwachsen zu lassen? Ganz einfach. Es hindert uns schnell daran, unsere Kinder zu *starken* Kindern zu erziehen.

Es ist natürlich nichts Falsches daran, wenn wir wissen wollen, welchen Einflüssen unsere Kinder ausgesetzt sind. Und es ist auch nichts Falsches daran, wenn wir einige Ideen unserer Kinder, die offensichtlich ihrer Naivität entspringen und sie die damit verbundene Gefahr nicht erkennen lassen, beschränken oder verbieten. Und ein dreifaches Hoch auf Sicherheitsgurte, Fahrradhelme und Knieschoner. Das sind Dinge, die zur Standardausrüstung verantwortungsbewusster Eltern gehören. Alles andere wäre falsche Verwegenheit. Aber es gibt eine Kraft, die uns dazu bewegt, unsere Kinder zu sehr zu behüten. Es ist eine Kraft, die unweigerlich dazu führt, dass wir die Möglichkeiten, die in ihnen stecken, beschneiden. Man nennt diese Kraft *Angst*. Nur allzu leicht lassen wir uns von ihr bestimmen. Erziehung, die auf Angst beruht, taugt dazu, behütete Kinder zu erzeugen. Leider taugt sie auch dazu, sie zu bevorzugten Opfern und zu geistlichen Weicheiern zu machen. Sie führt zu schwachen, schüchternen Kindern, die dem Leben schutzlos ausgeliefert sind.

Es gibt noch etwas zwischen Verwegenheit und Angst: Abenteuerlust. Wenn Sie es zulassen, dass Ihre Kinder ein abenteuerlustiges Leben führen, ist das der beste Weg, starke Kinder großzuziehen. Ach ja, ich habe vergessen, noch etwas zu erwähnen: Wenn Sie Ihre Kinder zu *starken* Kindern erziehen, bekommen Sie ganz nebenbei auch noch *behütete* Kinder.

18

Schenken Sie Ihrem Kind Liebe, die es ermutigt, sein Bestes zu geben

Willkommen in dem wunderbaren Mittelfeld zwischen Durchschnittlichkeit und Perfektionismus. Es ist wie ein sicherer Hafen für Kinder, die bis tief in ihr Innerstes ausgewogene Liebe spüren sollen. Wer sie in seiner Kindheit genießt, dem passt sie schließlich wie ein Paar lang getragene Stiefel. Und so können unsere Kinder mit einem beruhigenden Wissen um ihre eigenen Fähigkeiten ins Leben gehen. Es ist diese glückliche Balance zwischen den tödlichen Extremen menschlichen Verhaltens, die Kindern hilft, ihr Bestes zu geben.

Durchschnittlichkeit ist ein Nachkomme der Faulheit. Dort landen Kinder, denen erlaubt wurde (oder die gar dazu ermutigt wurden), ständig den Weg des geringsten Widerstandes zu gehen. Perfektionismus dagegen fordert einen zu hohen Preis. Man kann Perfektion erlangen und dadurch auch manches erreichen, aber man kann sich niemals daran freuen. Darum geht Perfektionismus in der Regel mit vielen Tränen einher.

Und dann gibt es da noch die schöne Möglichkeit einer gesunden Balance, die Kinder befähigt, ihr Bestes zu geben. Das ist viel besser als Mittelmäßigkeit und viel befriedigender als Perfektionismus. In Kindern den gesunden Ehrgeiz zu wecken, immer ihr Bestes zu geben, führt zu einer tiefen Zufriedenheit in ihrem Inneren. Das liegt daran, dass sie lernen müssen, den körpereigenen Brennstoff für ein erfolgreiches

Leben zutage zu fördern: Schweiß. Schweiß ist nicht nur dieses salzige Zeug, das man sich unter der Dusche wieder abwäscht. Manchmal kommt der Schweiß aus den Poren unseres emotionalen, intellektuellen oder gar unseres geistlichen Stoffwechsels. Wenn er aus diesen Bereichen entspringt, trägt er andere Namen wie Zähigkeit, Mumm, Rückgrat oder Entschlossenheit. Aber die sind nicht weniger kostbar.

Sowohl Durchschnittlichkeit als auch Perfektionismus als auch die Unterstützung des eigenen Kindes in seinem Bestreben, sein Bestes zu geben, verlangt von den Eltern einen Preis. Der Preis für das Erste ist nicht enden wollende Reue. Der Preis für das Zweite ist dauerhafte Bitterkeit. Der Preis für das Dritte – für die Bereitschaft, den eigenen Kindern dabei zu helfen, dass sie ihr Bestes geben können – führt zu bleibender Zufriedenheit und Erleichterung. Nicht nur Sie, auch Ihre Kinder und all die Menschen, die von Ihrem liebevollen Engagement profitieren, werden dies spüren.

19

Schenken Sie Ihrem Kind Liebe, die die Konsequenzen nicht scheut

Es ist schwer zu verstehen, wie man zehn oder mehr Jahre Charakterschule absolvieren kann, nur um dann an einem einzigen Nachmittag alles zu verspielen. Aber ich habe das fertiggebracht. Ich war damals dreizehn. Es war Winter. Mein Freund und ich hatten Langeweile.

Ich weiß nicht mehr, wer von uns die Idee hatte, aber das spielt auch keine Rolle. Ob man nun Urheber einer Straftat ist oder nur Mitläufer, macht das eigene Handeln nicht mehr oder weniger idiotisch. Unser Opfer war ein Spielautomat. Wir hatten den Plan, daran zu spielen, doch leider stand er in einem privaten Ferienhaus, das fest verschlossen war. Wir nahmen all unser Geld (ungefähr drei Dollar), tauschten es in Nickelmünzen um und machten uns auf, unserem Schicksal entgegenzutreten.

Das Schloss aufzubrechen war ein Kinderspiel. Am Spielautomaten hatten wir unseren Spaß ... zumindest bis zu dem Moment, in dem das dumme Ding nicht nur unseren Gewinn, sondern auch unseren gesamten Spieleinsatz zurückgeholt hatte. Wir verließen das Ferienhaus, wie wir gekommen waren – nur um drei Dollar ärmer.

Draußen warteten bereits zwei Polizisten auf uns. Irgendjemand hatte uns verpfiffen. Sie riefen umgehend unsere Eltern an. Der Vater meines Freundes arbeitete bei der Polizei. Er sagte: „Schickt den Jungen nach Hause. Ich kümmere mich um ihn.“ Soll heißen: *Bringt mich bloß nicht in Schwierigkeiten!*

Dann riefen sie meinen Vater an. Nachdem er sich über die Konsequenzen informiert hatte und wusste, dass es zu einem Prozess kommen würde, sagte er nur „Nehmen Sie ihn mit!"

Das bedeutete, dass ich auf die Wache musste, verhört wurde und ein gesundes Maß an Demütigung über mich ergehen lassen musste. Aber es wirkte. Ich habe niemals wieder etwas so Dummes gemacht. Mein Freund – dessen Vater ihn um ein Gerichtsverfahren herumgebracht hatte – landete danach zweimal im Gefängnis.

Was will ich damit sagen? Drücken Sie sich nicht um die negativen Konsequenzen, die auf die Dummheiten Ihrer Kinder folgen. Wenn Sie das tun, setzen Sie sie nur der Gefahr aus, noch größere Dummheiten zu begehen. Kinder machen verrückte Sachen. Sie bringen uns in Schwierigkeiten. Sie blamieren uns. Und wenn das geschieht, haben wir die strategische Aufgabe, so zu verfahren, dass sie die Konsequenzen ihrer Dummheiten zu spüren bekommen und zur Vernunft kommen. Mein Vater liebte mich, darum ließ er mich die Folgen meines Handelns spüren. Er verabscheute den Gedanken, dass ich aus Zeitvertreib zum Straftäter werden könnte, mehr als die persönliche Demütigung, die er ertragen musste, wenn sich in der Gemeinde herumsprach, dass Howard Kimmels Sohn Tim ein Nichtsnutz war.

Ich bin dadurch zu einem besseren Menschen geworden.

Nach: *My Criminal Record*

20

Schenken Sie Ihrem Kind Liebe, die den Wert der Weisheit achtet

Es gibt Fähigkeiten, die unsere Kinder auf einem erfolgreichen Lebensweg weiter bringen als andere. Sie ermöglichen es unseren Kindern auch, in der größeren Familie der Menschheit eine strategischere Rolle einzunehmen. Wenn wir unseren Kindern zum Beispiel beibringen, andere höher zu achten als sich selbst, werden sie auf die Schwachen und Benachteiligten in ihrem Umfeld eher Rücksicht nehmen. Wenn wir unseren Kindern zeigen, dass Mühe und Anstrengung sich lohnen, werden sie zu Menschen, die der Gesellschaft dienen, statt zu solchen, die ständig von ihr nehmen.

Aber eine Fähigkeit sollten wir unseren Kindern auf keinen Fall vorenthalten, denn wenn sie diese Fähigkeit besitzen, fördert dies automatisch all ihre anderen Gaben. Ich spreche von der Fähigkeit, *der Weisheit nachzujagen.*

Menschen werden nicht mit dieser Gabe geboren. Der Intelligenzquotient hat keinen Einfluss darauf. Und Kinder entfalten diese Fähigkeit auch nicht zufällig. Ganz im Gegenteil: Man muss sich bewusst dafür entscheiden, die Weisheit zu suchen. Und es ist viel leichter, zu einer solchen Entschlossenheit zu finden, wenn sie bereits im Herzen liebevoller Eltern genährt wird, die ihre Kinder dazu anleiten, in dieser Welt etwas Gutes zu bewirken.

Weisheit achten

Wir sprechen hier von Eltern, denen es wichtig ist, ihren Kindern beizubringen, wie man Erkenntnis in praktische Fertigkeiten des Lebensalltags umsetzen kann. Nicht mehr und nicht weniger bedeutet Weisheit – Wissen verbunden mit der Fähigkeit, dieses effektiv einzusetzen. Eine Voraussetzung für die Suche nach Weisheit ist Ehrfurcht vor Gott. Dort beginnt der Weg. In Sprüche 9,10 werden wir ermahnt, dass der *Anfang* aller Weisheit darin besteht, Gott ernst zu nehmen. Leider ist es bei den meisten Eltern nicht gerade in Mode, ihre Kinder zu „Jägern der Weisheit" zu erziehen. Der Soziologe Allen Bloom hat diesen Sachverhalt in treffende Worte gefasst: „Väter und Mütter haben kein Bewusstsein mehr dafür, dass das höchste Gut, das sie ihren Kindern weitergeben können, darin liegt, weise zu sein – so wie Priester, Propheten und Philosophen weise sind. Fachkompetenz und Erfolg sind alles, was in ihrer Vorstellungswelt [in der der meisten Väter und Mütter] noch vorkommt."

Wir können uns ein höheres Ziel setzen. Wir *müssen* uns ein höheres Ziel setzen. Und wenn wir das tun, werden wir Kinder großziehen, die diese Welt freundlicher, sicherer und viel besser zurücklassen, als sie sie vorgefunden haben – als Menschen, die der Weisheit nachjagen, so wie es ihre Eltern vor ihnen getan haben.

Nach: *Grace-Based Parenting*

Schenken Sie Ihrem Kind Liebe, die Gottes Wort achtet

Großen Frieden haben, die dein Gesetz lieben;
sie werden nicht straucheln.

Psalm 119,165; Luther

… und du kennst auch seit deiner Kindheit
die Heiligen Schriften. Sie können dich
den Weg zur Rettung lehren, die dir
zuteilwird durch den Glauben, der sich
auf Jesus Christus gründet.

2. Timotheus 3,15

21

Schenken Sie Ihrem Kind Liebe, die Gottes Wort achtet

„Ich hab mir den Film *Die Bibel* angeschaut, und der hat mir so gut gefallen, dass ich mir anschließend gleich das Buch dazu gekauft habe."

Das ist ein alter Witz, aber in ihm finden wir einen Hinweis darauf, wie wir eine gelassene und zuversichtstärkende Liebe in die Herzen unserer Kinder hineinlegen können. Das gelingt, wenn wir sie so sehr lieben, dass wir die Stimme des Gottes achten, der sie uns anvertraut und uns zu der Aufgabe berufen hat, ihrem Leben einen Sinn zu geben. Das ist eine große Verantwortung, aber wir können ihr gerecht werden. Doch wir machen uns selbst etwas vor, wenn wir meinen, wir könnten unsere Aufgabe ohne Gottes Hilfe meistern.

Unser Erfolg hängt davon ab, wie gefestigt unser Glaube ist.

Der Glaube lebt davon, dass wir regelmäßig Gottes Wort in uns aufnehmen. Dazu gehören auch die Predigten am Sonntagmorgen und die Haus- oder Bibelkreise, an denen wir teilnehmen. Aber das alleine reicht nicht aus. Wir brauchen täglich neue Kraft. Darum müssen wir uns dazu entschließen, Gottes Wort jeden Tag in uns aufzunehmen.

Ich möchte nicht gesetzlich sein und genau festlegen, wie oder wann das zu geschehen hat. Ich bin nur realistisch – realistisch genug, um zu wissen, dass ich keinen starken und lebendigen Glauben von mir erwarten kann, wenn ich die Nahrung verweigere, von der mein Glaube lebt.

Gottes Wort achten

Der Glaube braucht das Wort Gottes.

Ich habe das jahrelang nicht ernst genommen. Ich las eine Weile regelmäßig in der Bibel, doch mit der Zeit wurde ich nachlässig. Ich machte mir vor, mein Leben wäre zu gehetzt und die sonntägliche Predigt im Gottesdienst würde auch ausreichen. Aber das waren alles nur billige Entschuldigungen.

Schließlich musste ich mich der ungeschminkten Wahrheit stellen: Ich nahm mir viel Zeit für die Dinge, die ich für wichtig hielt. Warum also nahm ich mir keine Zeit für das Wort Gottes? Ganz einfach: Es war mir nicht wichtig genug, was gleichzeitig bedeutete: *Gott* war mir nicht wichtig genug. Und das wiederum bedeutete, dass mir das Wohl meiner Frau und meiner Kinder nicht wichtig genug war.

Das Leben ist auch mithilfe einer guten Tagesdosis aus Gottes Wahrheit noch schwer genug, aber ohne sie ist es unmöglich, es zu bestehen. Unsere Kinder werden nur die Dinge wirklich schätzen, die wir schätzen. Darum sollten wir uns selbst einen Gefallen tun und unseren Kindern ein solides Fundament geben, indem wir täglich und von Herzen mit Gott durch die Lebensader seines Wortes verbunden bleiben.

Nach: *Raising Kids Who Turn Out Right*

22

Schenken Sie Ihrem Kind Liebe, die an die Kraft des Gebetes glaubt

Gebet. Von all den Waffen, die uns zum Schutz unserer Kinder gegeben wurden, ist dies die mächtigste. Bei den meisten Menschen bedarf das Gebet weniger eines Beweises seiner Wirksamkeit als vielmehr reichlicher Übung. Eltern, die ihren Kindern beständige Liebe schenken möchten, sollten sich regelmäßig in diesen sicheren Hafen flüchten.

Ich kenne eine Mutter, die dies tat und dadurch das Leben ihres Sohnes nachhaltig prägte.

Die Geschichte spielt in einer der dunkelsten Stunden des Koreakriegs an einem Ort, den man *Heartbreak Ridge* nannte, den „Hügelkamm der zerbrochenen Herzen". Er bekam seinen Namen von den vielen grausamen Schlachten, die an seinen Hängen ausgefochten wurden. Oft – zu oft – war der Hügel vom Blut und den Tränen amerikanischer Soldaten durchtränkt worden.

Eines Nachts wütete die Schlacht wieder besonders heftig. Die Nordkoreaner hatten sich in dem felsigen Gelände eingegraben und nutzten ihren Heimvorteil, um den Himmel mit ihren Raketen zu erleuchten und ihr heißes Maschinengewehrfeuer durch die feuchte Luft zu jagen.

Ein amerikanischer Soldat hatte sich seinen Weg durch die feindlichen Vorposten gebahnt, doch dann wurde er nur etwa 50 Meter von der feindlichen Hauptlinie entfernt niedergestreckt. Aus der Dunkelheit heraus schrie er voller Schmerz

und hoffte, dass ihn jemand retten würde. Doch keiner rührte sich.

Ein anderer junger Mann, der sich in ein Schützenloch verkrochen hatte, hielt seinen Kopf gesenkt. Nur seinen Arm hob er in das Licht des Granatenfeuers. Plötzlich stürmte er durch das feindliche Feuer nach draußen, packte den verletzten Kameraden und half ihm zurück in den Schutz der amerikanischen Stellungen.

Sein Vorgesetzter kroch zu ihm herüber, um herauszufinden, was ihm auf einmal einen solchen Mut gegeben hatte. „Das war kein Heldenmut, Sir", meinte der junge Mann. „Es war noch nicht einmal wirklich gefährlich. Ich habe die ganze Zeit auf meine Uhr gesehen, bis ich wusste, dass es zu Hause in Kansas gerade neun Uhr ist. Wissen Sie, Sir, bevor ich fortzog, hat meine Mutter mir gesagt: ‚Mein Sohn, jeden Morgen um neun Uhr werde ich für dich beten.' Ich wusste, dass Gott mich beschützen würde."

Möchten Sie Ihren Kindern nicht auch einen solchen Seelenfrieden schenken? Seien Sie Eltern, die jeden Tag für ihr Kind beten. Wer weiß, es könnte ihm – oder einem anderen Menschen – das Leben retten.

Nach: *Little House on the Freeway*

23

Schenken Sie Ihrem Kind Liebe, die klare moralische Grenzen zieht

Wissen Sie, was ich an *Wahrheit* am meisten schätze? Man kann nicht daran rütteln, ob sie einem nun gefällt oder nicht. Wahrheit *ist* einfach wahr. Natürlich werden viele einwenden, dass man das nicht so sagen kann. Die vorherrschende Meinung unserer aufgeklärten Gesellschaft ist die, dass es keine absolute Wahrheit gibt. Man möchte uns glauben machen, Gott habe Mose keine in Stein gemeißelten Tafeln mit den Zehn Geboten gegeben, sondern nur zehn mit weicher Feder und Tinte geschriebene Vorschläge.

Vergessen ist die Tatsache, dass die gesamte Wissenschaft auf bestimmten Gesetzen beruht, die nicht angezweifelt werden. Und übersehen wird auch, dass wir – von der Mathematik bis hin zur Medizin – nicht funktionieren könnten, wenn es nicht Gegebenheiten gäbe, denen wir uns nicht entziehen können und die als absolut verstanden werden müssen.

Gott hat doch nicht das gesamte Universum auf absolute Wahrheiten gegründet, nur um dann mit willkürlicher Hand über den gesamten Bereich der Moral hinwegzuwischen. Er liebt uns viel zu sehr, als dass er das täte. Und in diesem Bereich der Moral darf unsere Liebe zu unseren Kindern nicht wanken. Unsere Kinder müssen wissen, dass es in dieser ganzen Frage um Recht und Unrecht ein paar Dinge gibt, die

unabänderlich feststehen. Dazu gehört das Gesetz von Ursache und Wirkung. Wenn man lügt, hören die Leute auf, einem zu glauben. Wenn man die Treue bricht, werden die Leute einem irgendwann nicht mehr vertrauen. Wenn man egoistisch handelt, wird man von anderen gemieden.

Unsere Kinder brauchen einen auf den moralischen Nordpol (auf Gott) ausgerichteten Kompass, um sicher durch die trügerischen Fahrwasser unserer heutigen Kultur hindurchzunavigieren. Ohne ihn landen unsere Kinder in einem Sumpf von Orientierungslosigkeit, Enttäuschungen, Angst und Wut. Mit ihm hingegen besitzen sie die Kraft, ihr volles Potenzial zu entfalten und einzusetzen. Darum heißt es: „Die Wahrheit wird euch frei machen“ (Johannes 8,32).

Möchten Sie, dass Ihre Kinder ein lebenswertes Leben führen? Möchten Sie, dass sie sich dadurch auszeichnen, dass sie anderen mit Liebe begegnen? Natürlich möchten Sie das. Dann geben Sie ihnen die Möglichkeit dazu, indem Sie ihnen beibringen, an welchen Grundgesetzen sie nichts ändern können, und indem Sie Ihnen zeigen, wie Sie selbst diese Wahrheiten in Ihrem Leben umsetzen.

24

Schenken Sie Ihrem Kind Liebe, die sich für Gottes großes Ziel einsetzt

Eine der großen Diskussionen der Literatur dreht sich darum, wer in seinem Werk wohl den besten Eröffnungssatz geschrieben hat. Charles Dickens bekommt viele Stimmen für seinen markigen Einstieg zu *Eine Geschichte zweier Städte*. Er fasst schon in der allerersten Zeile die kraftvolle Geschichte, die dann folgt, großartig zusammen: *„Es war die beste aller Zeiten. Es war die schlechteste aller Zeiten."*

Einen weiteren sehr ausdrucksstarken Einleitungssatz finden wir am Anfang von Rick Warrens einflussreichem Buch *Leben mit Vision*. Wenige Bücher haben unsere Beziehung zu Gott in ihrem tiefsten Wesen so gut beschrieben wie dieses. Und die fünf Wörter, die abgesetzt vom folgenden Text am Anfang des Buches stehen, fassen seine Botschaft in ihrem Kern zusammen: *„Es geht nicht um Sie."*

Im Leben geht es nicht um Sie oder mich. Es geht nicht um unsere Kinder oder um die Pläne, die wir für sie haben. Es geht zu hundert Prozent und ganz grundsätzlich um Gott. Es geht *nur* um Gott ... und um *seine* Pläne für unser Leben.

Weil das so wichtig ist, sollten wir unseren Kindern diese Tatsache von Geburt an ins Herz schreiben. Denn zwischen ihrem ersten und ihrem letzten Atemzug werden sie entweder Teil in dem alles umspannenden Plan Gottes mit dieser Welt sein oder diesem Plan entgegenstehen. Wie sie sich auch entscheiden, es wird in dieser großen Geschichte niemals um sie gehen. Es wird um den Schöpfer des Lebens und den wahren Autor der erstaunlichen Geschichte gehen, die Gott aus dem Leben unserer Kinder machen will.

Und genau das soll ihr Leben nach Gottes Willen sein: eine durch und durch erstaunliche Geschichte. Man kann diese Tatsache natürlich kaum theoretisch vermitteln. Gott zur Quelle, zum Anfang und Ende und zum Zentrum ihres Lebens zu machen gelingt nicht durch ein paar aufmunternde Worte beim Abendessen. Dass Gott über alles andere geht, entdeckt man nicht nebenher, sondern durch eine niemals endende Liebe. Unsere eigene Freude darüber, an Gottes großem Ziel teilzuhaben, lässt diese Sehnsucht vom Kopf unserer Kinder in ihr Herz rutschen.

Bei der Gelegenheit fällt mir ein weiterer großartiger Einleitungssatz ein: *„Am Anfang schuf Gott ...“*

Nach: *Raising Kids for True Greatness*

25

Schenken Sie Ihrem Kind Liebe, die den anderen sieht

Machen Sie sich das einmal bewusst: Uns sind fast zwei Jahrzehnte geschenkt, in denen wir unsere Kinder um uns haben. Das sind zwanzig Jahre, in denen wir miterleben, wie sie die Wege Tausender von Menschen kreuzen – von Menschen aus allen sozialen Klassen, Menschen mit den unterschiedlichsten schulischen oder akademischen Lebensläufen, Menschen verschiedenster Hautfarben und Nationen. Alle diese Begegnungen haben eines gemeinsam: Sie sind eine Gelegenheit zu zeigen, wie viel Kraft darin steckt, den anderen höher zu achten als sich selbst.

Das ist ein göttlicher Zug.

Aber es ist mit Sicherheit kein menschlicher Zug. Es gehört noch nicht einmal zu den grundlegendsten menschlichen Instinkten. Nein, es läuft sogar beinahe allem zuwider, wofür unsere Kultur lebt. Leider sind die meisten Menschen zu tief mit dieser Kultur der Selbstverherrlichung verwoben. Sie sehen die Menschen in ihrem Umfeld als störende Nebenerscheinungen bei ihrem Streben nach ihren selbstsüchtigen Plänen und als Furunkel an ihrem zerbrechlichen Ego.

Die Leute, die in dieser Welt ihre Waren feilbieten, haben das erkannt. Deshalb säuseln sie uns bereitwillig zu: „Du! Um dich geht es! Wir tun alles für dich!“

Und wenn der gute Frank Sinatra seinen Senf zu diesem Thema dazugeben könnte, würde er wohl sagen: „I do it my way!“ – „Ich tue es auf *meine* Art!“

Aber dann gibt es da noch Gottes Art. Er hat einen wesentlich gesünderen Plan für seine Kinder, der das Beste in all den Menschen zum Vorschein bringen soll, denen sie begegnen.

Und genau da ist Ihr und mein Platz. Unser Schöpfer hat uns gesegnet und uns die Chance gegeben, das Leben von Menschen in einer Weise zu verändern, die Ewigkeitscharakter besitzt. Das geschieht einfach dadurch, dass wir sie als wertvolle Glieder der Menschheit achten. Und ein weiterer Segen liegt darin, dass wir diese Lebenseinstellung, die den anderen sieht und achtet, an unsere Kinder weitergeben können.

Es stimmt: Manche Menschen kann man leichter achten als andere. Und es stimmt auch, dass es Menschen geben kann, die unsere Güte auszunutzen versuchen. Aber das ist Gottes Angelegenheit. Darum wird er sich kümmern.

Bis dahin jedoch gewinnen unsere Kinder eine Gabe, von der sie bis zu ihrem letzten Atemzug profitieren werden. Es wird ihnen nie an Freunden mangeln und selten an einem guten Grund, morgens aus dem Bett zu kommen. Auch das ist eine Möglichkeit, wie liebevolle Eltern ihren Kindern ein reiches Vermächtnis hinterlassen können.

26

Schenken Sie Ihrem Kind Liebe, die es zu seinen Erfolgen beglückwünscht

Es ist schon lange, sehr lange her, dass ich mir meine Schoner anzog, um in meiner Highschool-Mannschaft Football zu spielen. Neulich schaute ich meinem Sohn beim Training zu, und mir wurde bewusst, wie wenig sich seit meiner aktiven Zeit verändert hat. Es geht in diesem Spiel immer noch um Blocken und um Tackling und darum, sich übereinander zu stürzen. Aber eines hatte sich in der Zeit zwischen meinem letzten Spiel und dem Spiel neulich, als die Mannschaft meines Sohnes diesen Zwei-Punkte-Rückstand aufholte, verändert.

Es ist dieses „Gib mir fünf!“.

Ich erlebe das überall. Sie haben das sicher auch schon gesehen. Vielleicht haben Sie es ja auch selbst schon gesagt und getan: Ein Spieler macht einen Punkt und die anderen rennen zu ihm und alle klatschen mit den Handflächen aneinander und sagen: „Gib mir fünf!“ Die Reaktion auf eine gute Leistung. Und manchmal ist noch nicht einmal eine grandiose Leistung nötig, um so ein „Gib-mir-fünf“-Feeling zu erleben. Mir ist aufgefallen, dass viele Eltern nur auf eine Gelegenheit dafür warten. Das Loben liegt ihnen im Blut.

Vielleicht denken Sie jetzt: *Tim Kimmel, du weißt ja gar nicht, wie wenig Grund zum Applaudieren wir in der letzten Zeit hatten. Da sind die unbezahlten Rechnungen, der Wagen, der nur noch sporadisch anspringen will, der Pseudokrupp, der unsere*

Kinder zu verfolgen scheint, das Loch im Dach, Nachbarn, denen man nicht trauen kann, seltsame Verwandte, der handfeste Krach in der Gemeinde und der alte Hund, der kaum noch auf die Beine kommt. Es ist schwer, einen Grund zur Freude zu sehen – sogar was die Kinder angeht.

Ich möchte Ihnen Mut machen. Gelegenheiten zum Jubeln gibt es immer und überall. Zum Beispiel der erste Zahn, das erste Mal, dass die Kinder ihr Bett alleine gemacht haben, ihre erste Runde mit dem Fahrrad ohne Stützrädchen, das erste auswendig gelernte Gedicht, das erste Mal, dass sie den Rasen mähen ... Und wir sollten die Momente moralischer Größe nicht vergessen: die bescheidene Art Ihrer Tochter oder der Tag, an dem Ihr Sohn im Umkleideraum den Ruf einer Mitschülerin verteidigt hat.

Schlagen Sie ein! Der Himmel freut sich auch, wenn Gott sieht, wie viel Mühe *Sie* sich geben. Machen Sie das Loben zu einer Herzensangelegenheit, wenn es um Ihre Kinder geht.

Nach: *High Fives*

27

Schenken Sie Ihrem Kind Liebe, die es auf die Ehe vorbereitet

Es gibt eine alte Redensart, die sagt, dass man am Tag seiner Hochzeit entweder über sich hinauswächst oder auf seine halbe Größe zusammengestutzt wird. Wenn eines unserer Kinder zum Traualtar geht, wünschen wir uns mit Sicherheit eher, dass es über sich hinauswächst, als dass es zusammengestutzt wird.

Im Leben der meisten Menschen sind Dinge wie Verabredungen, das Werben um den zukünftigen Partner sowie die Heirat mit dem hoffentlich richtigen mit vielen Ängsten verbunden. Viele dieser Ängste sind hausgemacht oder entspringen den oberflächlichen Erwartungen unseres kulturellen Umfelds. Man könnte seinen Kindern im Voraus viel Leid ersparen, wenn man sie angemessen auf die Ehe vorbereitet. Der Schlüssel liegt nicht darin, den richtigen Partner zu finden, sondern darin, der richtige Partner zu sein.

Ich will das Ganze nicht zu sehr vereinfachen, aber es ist sicherlich nicht so schwer, wie es sich die meisten Menschen vorstellen. Wieder einmal nimmt unsere Kultur etwas, das Gott als eine Bereicherung des Lebens gedacht hat, und verkompliziert es, bis es keiner mehr versteht. Das ist nur ein weiterer folgerichtiger Schritt unserer bedürftigen Gesellschaft. Wenn Menschen dazu ermuntert werden, sich zum Zentrum ihres Universums zu machen, sollten wir uns nicht wundern, wenn sie falsche Ansichten über die Ehe haben. Oft scheinen Menschen darauf aus zu sein, die Person zu finden, die ihren Erwartungen entspricht und ihrem Ego schmeichelt. Wenn wir an diesem Punkt ansetzen, können wir unseren Kindern viel Kummer ersparen. Indem wir nicht darauf achten, dass sie die Person finden, die ihr Ego vervollkommnet, sondern ihren Blick darauf lenken, dass sie selbst zu einer Person werden, die den Partner noch wertvoller macht.

Wenn unsere Kinder Charakter besitzen, wenn sie andere höher achten als sich selbst, wenn sie Anstrengungen nicht scheuen, wenn sie mit Geld gut umgehen, wenn sie mit fairen Mitteln kämpfen, dann werden sie am Tag ihrer Hochzeit ein großes Pfand besitzen. Und es gibt noch eine gute Nachricht: Solche Menschen ziehen in der Regel ihresgleichen an.

Alte Redensarten sind vielleicht manchmal sehr direkt, aber sie ersparen uns einiges Kopfzerbrechen, wenn wir bereit sind, von ihnen zu lernen.

28

Schenken Sie Ihrem Kind Liebe, die Gottes Gabe der Sexualität achtet

Eines der größten Geschenke, das man seinem zukünftigen Ehepartner machen kann, ist, sexuell unberührt vor den Altar zu treten. Wenn wir für unsere Kinder ein geringeres Ziel als dieses haben, mangelt es uns nicht nur an Achtung vor Gott und seiner wunderbaren Gabe der Sexualität, sondern auch an Achtung vor unseren Kindern. Die Ehe ist schwer genug. Warum sollten wir ihre Mitgift mit Reue garnieren?

Gleichzeitig sollte dieses Ziel sexueller Reinheit nicht wie ein Mühlstein an ihrem Hals hängen. Wie kann das geschehen? Ganz einfach: wenn wir ihnen zwar das Ziel vor Augen halten, ihnen aber nicht helfen, es auch zu erreichen. In Sachen Sexualität einen hohen Maßstab zu setzen ist edel, aber nicht immer wird dabei bedacht, wie schwierig die Situation unserer Kinder oft ist.

Es mag hilfreich sein zu wissen, dass ein durchschnittlicher männlicher Teenager *ständig* an Sex denkt! Und ein durchschnittlicher weiblicher Teenager denkt immerhin *häufig* an Sex. Die Hormone unserer Kinder haben ein vergleichbares Suchtpotenzial wie Heroin. Und wir sollten nicht glauben, die Schlacht gewonnen zu haben, wenn wir unsere Kinder in einem Umfeld großziehen, in dem sie von sexuellen Anreizen isoliert sind. Denn die eigentliche Schlacht um ihre sexuelle Reinheit findet *in ihrem Inneren* statt. Die Lust will die Oberhand gewinnen, sich ihrer Gedanken bemächtigen und ihr Handeln bestimmen. An dieser Stelle möchte der Heilige Geist in den Kampf eingreifen und ihnen die Unterstützung geben, die sie brauchen, um die Schlacht zu gewinnen.

Manchmal reicht *ein gutes Gedächtnis*, um zu wissen, was unsere Kinder brauchen, damit sie ihren sexuellen Drang beherrschen können. Wenn sie von uns nur Lektionen über sexuelle Reinheit hören und wir ihnen in ihrem inneren Kampf ständig ein schlechtes Gewissen machen, sind ihre Chancen, das gesteckte Ziel zu erreichen, gering. Wir müssen ihre ganze Kindheit hindurch immer wieder den Dialog mit ihnen suchen und ihnen dabei mit Gnade begegnen – das gilt umso mehr für die Pubertät.

Reden Sie mit ihnen. Seien Sie ehrlich und offen. Beten Sie mit ihnen, bereiten Sie sie vor. Zeigen Sie Verständnis für ihren inneren Kampf. Beglückwünschen Sie sie zu ihren Siegen. Wer weiß, vielleicht hilft es ja auch *Ihnen*, sich am Tag ihrer Hochzeit mit weit größerer Gelassenheit zurückzulehnen.

Nach: *Raising Kids for True Greatness*

29

Schenken Sie Ihrem Kind Liebe, die nicht aufgibt

Es ist niemals zu früh und niemals zu spät, unseren Kindern die Tugenden beizubringen, die man braucht, um wahre Größe zu erreichen. Sie ziehen sich schneller, als wir denken, aus dem täglichen Zusammenleben mit uns zurück. Deshalb müssen wir sicherstellen, dass wir ihnen unser Vorbild an Mut und Ausdauer in ihr Herz gelegt haben, bevor sie aus dem Haus gehen.

Wir müssen uns in den verschiedensten Lebensbereichen einer Unzahl von Schlachten stellen: in unseren Beziehungen, im geistlichen Leben, in finanziellen Dingen, in gesundheitlichen Nöten und in Moralfragen. Ich habe viele Eltern kennengelernt, die zu großen Opfern bereit sind. Doch die Bereitschaft dazu ist das eine. Etwas anderes ist es, diese Opfer auch wirklich zu bringen. Die Kindererziehung ist häufig eine schmerzliche und einsame Aufgabe, und der Lohn für die Mühe ist oft noch so weit weg, dass man versucht ist aufzugeben.

Doch das dürfen wir nicht.

Sie sind wie ein Kommandeur, umgeben von einer wertvollen Truppe, deren Mitglieder Ihnen irgendwie ähnlich sehen. Ihre Leute besitzen genug Glauben an das, was wirklich zählt, dass sie bereit sind, Ihnen in die Schlacht zu folgen. Aber sie sind auch angreifbar. Entmutigung will sich einschleichen, wenn um sie herum der Granatenhagel unserer

Kultur einschlägt. Dann ist man versucht, davonzulaufen und den einfacheren Weg zu gehen, sich den moralischen Feinden zu unterwerfen. Ihre Kinder suchen bei Ihnen Orientierung.

Und an diesem Punkt benötigen sie keine aufmunternden Reden, sondern ein gutes Vorbild. Sie können ihnen wichtige Grundsätze in die Umschlagseiten ihrer Bibel schreiben, Checklisten an die Kühlschranktür heften und mit klugen Worten beim Essen dozieren, doch wenn Ihre Kinder nicht den Pulverdampf der Schlachten riechen, die Sie selbst schon geschlagen haben, sind Ihre Worte nicht mehr als leere Phrasen. Das Leben verbietet uns, in Zeiten, in denen unser Mut, unsere Ausdauer und unsere Standhaftigkeit gefordert sind, unsere Truppen mit ein paar billigen Floskeln zu mobilisieren.

Sie selbst müssen die Attacke anführen.

Machen Sie Ihr eigenes Leben zu einem tadellosen Vorbild an Mut, und beobachten Sie, was dann passiert. Ihre Kinder werden Sie mit ihrem noch unreifen Blick verfolgen und ihre eigenen Schlüsse daraus ziehen. So wird mitten im Durcheinander ihrer Kindheit ihre Entschlossenheit und Zuversicht wachsen. Und in der Zauberwelt jugendlicher Herzen wird ihr Geist zu wahrer Größe inspiriert.

Nach: *Homegrown Heroes*

30

Schenken Sie Ihrem Kind Liebe, die es auf die Risiken des Lebens vorbereitet

Wenn man sich anschaut, wie trügerisch und gefährlich das Leben da draußen ist, wundert man sich nicht, dass viele Eltern ihre Kinder lieber unter einer christlichen Glasglocke großziehen würden. Ich mache ihnen mit Sicherheit keinen Vorwurf. Es bestehen reale Gefahren. Viele kommen unter die Räder. Und doch: Wer seinen Kindern nicht beibringt, Gefahren zu meistern, verursacht dadurch mehr Schaden als Gutes. Wir können eine Menge von den Bäumen lernen.

Haben Sie schon einmal von *Biosphäre II* gehört? Das war eines dieser ausgefallenen Experimente, die zeigen sollten, ob Menschen in der Lage sind, in anderen Teilen unseres Universums zu überleben. Dazu wurde in der Wüste eine große Glaskuppel gebaut. In diesem abgeschlossenen System schuf man alle nötigen ökologischen Voraussetzungen, unter denen eine künstliche Umwelt und menschliches Leben bestehen konnte. Wichtigster Bestandteil dieses Experiments waren die Bäume.

Die Bäume mussten nicht nur Früchte und Feuchtigkeit liefern, von denen die Menschen leben konnten, vor allem sollten sie den nötigen Sauerstoff produzieren. Man wählte die besten Bäume aus und pflanzte sie in den besten Boden. Den Berechnungen zufolge hätten die Bäume mehr als genug Sauerstoff liefern müssen. Dann zogen sieben Wissenschaftler für einen zweijährigen Aufenthalt in die Glaskuppel und die Zugänge wurden versiegelt.

Die Bäume versagten. Die Blätter verwelkten, die Äste hingen schlaff herunter und die Bäume kämpften ums Überleben. Der Sauerstoffgehalt in der Glaskuppel sank so weit, dass von außen Sauerstoff zugeführt werden musste, um die Wissenschaftler am Leben zu erhalten. Nachdem das Experiment abgeschlossen war, fragte sich die Forschergruppe, warum in aller Welt die Bäume nicht gediehen waren. Ein Baumexperte, der nicht an dem Experiment teilgenommen hatte, gab ihnen schließlich den entscheidenden Hinweis.

Die Wissenschaftler hatten vergessen, ihrer Glaskuppel eine ganz wichtige Zutat hinzuzufügen: den Wind. Ohne Wind gedeihen die Bäume nicht. Es ist der Wind, der an den Bäumen rüttelt und sie so dazu bewegt, tiefe Wurzeln und einen soliden Stamm mit kräftigen Ästen auszubilden.

Genauso ist es bei unseren Kindern: Der Gegenwind der Kräfte, die in unserer Kultur vorherrschen, zwingt unsere Kinder dazu, die Kraft des Geistes Gottes in Anspruch zu nehmen und sich in der Autorität des Wortes Gottes zu behaupten, um zu überleben.

Dieses Wachstum gegen den Wind muss allmählich vonstatten gehen. Es muss sachte geschehen. Aber, und das ist das Wichtigste dabei, es muss geschehen.

Nach: *Why Christian Kids Rebel*

31

Schenken Sie Ihrem Kind Liebe, die bereit ist, Konflikte konstruktiv zu lösen

Wenn wir uns nicht um die Konflikte kümmern, werden die Konflikte sich um uns kümmern. Aufgestauter Ärger ist ein Sklaventreiber.

Er kontrolliert uns, drückt uns nieder und verlangt einen hohen Tribut. Er belastet Freundschaften, ruiniert jedes Familienfest und macht unseren Kindern das Leben zur Hölle. Er kann uns sogar eine positive Beurteilung am Arbeitsplatz kosten. Aufgestauter Ärger führt dazu, dass wir neue Beziehungen mit Vorurteilen behaften, uns von Menschen, die uns bräuchten, zurückziehen und Gottes Wirken in unserem Leben verhindern.

Anhaltende Konflikte können auch unserem Körper schaden. Vielleicht raubt uns Ärger nachts den Schlaf oder er beschert uns den Fluch, alleine zu schlafen ... und das für eine sehr lange Zeit. Auch weiß man, dass er einem den Appetit rauben oder auch dazu führen kann, dass man ständig zu viel isst. Ärger, der kein Ende nimmt, kann sich derart im Herzen festsetzen, dass die Betroffenen zielsicher einem frühen und wenig angenehmen Tod entgegengehen.

Es ist leicht, die Gedanken anderer Menschen zu lesen. Ich muss nur meine eigenen lesen. Sie denken an das Schmerzhafte, das Sie ertragen mussten – das so schmerzhaft war, dass Sie es nicht vergeben können. Ich weiß, wie es Ihnen geht. Ich denke an Menschen, die auf meine Kosten

ihren Spaß hatten, die versuchten, auf der Karriereleiter nach oben zu klettern, indem sie mich herunterstießen. Ich denke an Freunde, die mir versprachen, für mich da zu sein, aber nicht da waren, als ich sie brauchte. Ich habe den kalten Stahl des Verrats in meinem Rücken gespürt. Und ich kenne dieses Gefühl der Leere, das einen überkommt, wenn man realisiert, dass die Hand am Messer zu jemandem gehört, der es eigentlich besser hätte wissen müssen. Ob es nun der Ehepartner, ein Verwandter oder ein Freund ist – es reicht nicht aus, dass wir vergeben; wir müssen auch den Schmerz verarbeiten. Es steht zu viel auf dem Spiel. Auch unseren Kindern werden solche Dinge widerfahren. Sie müssen sich solchen Augenblicken mit einer Entschlossenheit stellen, die nicht bei der bloßen Bereitschaft zur Konfliktlösung stehen bleibt. Sie brauchen ein Vorbild, einen Plan und einen Lehrer.

Wir müssen das Lösen von Konflikten trainieren, bis es zu einer Fähigkeit wird.

Unsere Liebe kann unseren Kindern zeigen, wie es geht. Ratschläge sind billig, aber der Wille, sie umzusetzen, kostet etwas. Doch unsere Kinder sind diesen Preis wert. Wie wär's? Begraben Sie doch das Kriegsbeil. Und wenn Sie das getan haben, vergessen Sie am besten ganz schnell, *wo* Sie es begraben haben.

Nach: *Little House on the Freeway*

32

Schenken Sie Ihrem Kind Liebe, die nicht neidisch auf andere schielt

Seien Sie auf der Hut! Es gibt in unserer Kultur ein gefährliches Gift. Im mildesten Fall führt es zu einem „Horrortrip". Aber wer es zu oft zu sich nimmt, wird süchtig davon. Die Sucht äußert sich in einer Abhängigkeit von Dingen, die keinen Bestand haben, und der Sehnsucht nach Dingen, die keine wirkliche Bedeutung besitzen. Sie werden süchtig nach dem Morgen, von dem Sie hoffen, dass es Sie mit dem Glück segnet, das Sie im Heute vergeblich suchen.

Gott wusste, dass wir zu dieser Sucht neigen. Darum schloss er seine Liste der „zehn wichtigsten Prinzipien für ein erfolgreiches Leben" mit dem Grundsatz: *Du sollst nicht begehren, was der andere hat!*

Begehren ist nun wirklich kein schöner Ausdruck, aber die Synonyme sind auch nicht besser: *beneiden, eifersüchtig, lüstern* oder *gierig* sein. Es beginnt mit einem winzigen Samen in unserer Seele, gewässert und gedüngt von dem Druck, der unvermeidlich auf unserem Stolz lastet. Da bekommt Ihr Nachbar eine Beförderung, verbunden mit einer beträchtlichen Gehaltserhöhung – und schwupps, der Same hat gekeimt. Dann rollen die neuesten Modelle beim Autohändler ein – und schon hat der Same die ersten Wurzeln getrieben. Ihre beste Freundin passt immer noch in ihr Hochzeitskleid von vor fünfzehn Jahren (bei Ihnen ein aussichtsloses Unterfangen) – und schon dringt das kleine Pflänzchen durch die Oberfläche Ihrer Persönlichkeit.

Neid vermeiden

Bevor Sie sich versehen, sind Sie Mitglied im Klub der „Hätte-ich-doch-nur"-Sager. *Hätte ich doch nur … einen besseren Job, ein größeres Haus, eine schlankere Taille, einen anderen Mann, einen besseren Lebensstil …* Oder: *Hätte ich doch nur nicht … so hohe Schulden gemacht, meine Ehe vernachlässigt, diese Stelle gekündigt, diese Aktien verkauft oder jene Aktien gekauft.* Und am schlimmsten: *Wären meine Kinder doch nicht so …* Ich denke, Sie verstehen, was ich meine.

Manchmal müssen wir Bilanz ziehen. Zwei Fragen: 1. Haben Sie mit dem Gott und Herrn des Universums einen persönlichen Vertrag geschlossen? 2. Haben Sie Kinder? Wenn Sie diese beiden Fragen mit Ja beantworten können, dann habe ich gute Neuigkeiten für Sie: *Sie sind reich!* Sie sind ein Miterbe Christi, was bedeutet, dass das Universum im Grunde bereits Ihnen gehört. Darüber hinaus haben Sie noch die Möglichkeit, Ihren Kindern Liebe zu vererben, die niemals vergeht. Machen Sie sich bewusst, wie viel Ihnen gegeben ist, und dann genießen Sie Ihren Reichtum! Das ist das beste Gegenmittel gegen das kulturelle Gift des Sich-Vergleichens.

Nach: *Little House on the Freeway*

33

Schenken Sie Ihrem Kind Liebe, die ihm erlaubt, anders zu sein

Als Gott Ihnen und mir Kinder anvertraute, hatte er vermutlich ein Lächeln im Gesicht. Sicher war er begeistert von den einzigartigen Eigenschaften, die er in die DNA unserer Kinder hineinprogrammiert hatte. Jetzt, wo wir diese Eigenschaften so hautnah miterleben, fragen wir uns mitunter allerdings, ob es nicht eher ein breites Grinsen gewesen sein mag.

Gibt es Dinge an Ihren Kindern, die Sie zur Weißglut treiben? Fühlen Sie sich von Ihren Kindern manchmal genervt oder in Verlegenheit gebracht? Bei meinen ist das nicht anders. Da geschieht es schnell, dass wir annehmen, diese Eigenschaften würden auf grundlegenden Charakterfehlern beruhen.

Aber das muss nicht stimmen.

Manchmal liegt kein ernsthaftes moralisches Problem zugrunde, wenn unsere Kinder uns zur Weißglut treiben. Sie sind mitunter einfach *anders* als wir. Eines der Merkmale einer auf Gnade gegründeten Liebe ist, dass sie aus Dingen, die einfach ungewohnt sind, nicht gleich ein moralisches Problem macht. Und vor allem würde sie nie die Bibel oder den Namen Gottes missbrauchen, um eine Eigenschaft eines Kindes lächerlich zu machen, die – objektiv betrachtet – nur eine nicht moralisch zu wertende Eigenart ist, die uns ganz zufällig wahnsinnig macht!

anders sein dürfen

Ich möchte Ihnen einige Begriffe nennen, mit denen wir oft die spezifischen Eigenschaften unserer Kinder beschreiben: merkwürdig, komisch, verdreht, durchgeknallt. Wissen Sie was? Gott hat unsere Kinder so geschaffen. Ihm gefallen sie so – und er möchte, dass auch wir sie so mögen. Wenn wir das tun, schenken wir unseren Kindern etwas, das es in vielen Familien nicht gibt: Wir geben ihnen die Freiheit, *anders* zu sein.

Das ist eine der höchsten Formen der Gnade. Es widerstrebt vielen Eltern, ihren Kindern zuzugestehen, dass sie so einzigartig sein dürfen, wie sie sind. Doch wenn wir unseren Kindern das erlauben, geben wir ihnen die Möglichkeit, ihr ganz einmaliges Leben zu leben. Vergessen wir nicht: Es sind Kinder. Sie sind jung. Sie brennen darauf, Dinge zu erkunden. Ihre Vorstellungskraft ist ungebändigt. Gott hat sie so geschaffen. Das ist eine gute Sache.

Ich weiß, ich weiß ... Sie denken an Ihre Freunde und fragen sich, was die von Ihnen denken werden. Da habe ich einen Rat für Sie: Tun Sie Ihren Kindern einen Gefallen und legen Sie sich neue Freunde zu!

Nach: *Grace-Based Parenting*

34

Schenken Sie Ihrem Kind Liebe, die vom Lachen lebt

Nichts ist so bereichernd, wie in einer Familie aufzuwachsen, in der viel gelacht wird. Ich spreche hier nicht von der Art „Humor“, die nur aus einem freundlichen, aufgesetzten Lächeln oder einem gekonnt erzählten Witz besteht. Nein, ich habe dieses fröhliche Lachen vor Augen, das tief aus einem Herzen kommt, das vor Glück überfließt.

Sie denken jetzt vielleicht: *Ist das überhaupt möglich, ohne sich vorher völlig von der Realität abzukapseln?* Seien wir ehrlich. Das Leben kann grausam sein. Vieles, was in einer ganz normalen Familie vor sich geht, raubt einem die Freude. Ich weiß, wovon ich spreche. Was ist schließlich lustig daran, wenn die Kinder krank sind oder der Arbeitsplatz wackelt?

An der harten Lebenswirklichkeit gibt es offensichtlich nichts zu lachen. Aber beim Lachen geht es auch nicht um die äußeren Umstände – es geht um die Brille, durch die wir unsere Lebensumstände betrachten. Diese Brille entscheidet über die Haltung, mit der wir das Leben angehen. Und wenn Sie die richtige Brille aufhaben, dann werden Sie nicht nur einiges entdecken, wofür Sie dankbar sein können, sondern auch vieles, worüber Sie lachen können.

Vergessen wir nicht, dass wir im Bilde Gottes geschaffen sind. Gott lacht viel lieber, als wir es ihm manchmal zugestehen möchten. Es gibt eine Tatsache, die wir in unsere Überlegungen mit einbeziehen sollten: In allen Kulturen und Völkern wird gelacht. Warum? Weil Gott es so wollte.

Und wenn wir die Freude, das Glücklichsein und das Lachen zur Lebensgrundlage unserer Kinder machen, entspricht das auch dem Willen Gottes.

In meiner Kindheit habe ich unzählige schöne Mahlzeiten bei unseren jüdischen Nachbarn erlebt. Die Familie lachte gerne und viel. Obwohl an den Wänden die Bilder der Angehörigen hingen, die nur wenige Jahre zuvor in Konzentrationslagern getötet worden waren. Da fällt mir ein Ausspruch des bereits verstorbenen Komikers Red Skelton ein: „Ich lache so viel, damit ich nicht weinen muss.“

Unsere Kinder werden sich einer Zukunft stellen müssen, die alles daransetzen wird, das Lachen aus ihren Gesichtern zu vertreiben. Eine wirklich glückliche Kindheit ist das beste Mittel dafür, dass ihr Lachen dort bleibt, wo es hingehört – mitten in ihrem Gesicht.

35

Schenken Sie Ihrem Kind Liebe, die mit seinen Tränen behutsam umgeht

Tränen sind ein Geschenk. Diese nassen, dicken, salzigen Tropfen purer Emotion, die unseren Kindern aus den Augen rinnen und an ihren Wangen herablaufen, geben uns Eltern eine besondere Gelegenheit, tragfähige Liebe tief in ihr Herz zu pflanzen. Alles hängt davon ab, wie wir Tränen bewerten und wie wir darauf reagieren.

Die Tränen sind eines der zwei Ventile, die Gott unseren Kindern für ihre Emotionen gegeben hat. Das andere Ventil ist das Lachen. Liebevolle Eltern schaffen für beides einen angemessenen Raum. Doch Tränen bedürfen unserer besonderen Sorgfalt. Sie stammen aus einem Gefäß tief im Inneren unserer Kinder, auf dem das Wort „zerbrechlich“ steht. Gott möchte, dass wir behutsam damit umgehen.

Bei Tränen der Freude oder der Erleichterung fällt uns das leicht. Doch wie steht es mit Tränen der Traurigkeit, der Trauer oder der Angst? Da brauchen Eltern eine behutsame und wohlplatzierte Art der Barmherzigkeit.

Manchmal neigen wir als Erwachsene dazu, Tränen herunterzuspielen. Der Tod des Hamsters oder die Enttäuschung darüber, nicht Karussell fahren zu dürfen, werden schnell gegen die „wichtigeren“ Dinge des Lebens abgewogen und für zu leicht befunden. Wir können die Traurigkeit unserer Tochter, die in der dritten Klasse von einem Jungen zurückgewiesen wurde, leicht als kindliche Schwärmerei abtun. Aber ihr hat es etwas bedeutet. Die Tatsache, dass der beste Freund Ihres fünfjährigen Sohnes weggezogen ist, mag auf Ihrer Richterskala keine Wirkung zeigen, aber er war nun mal der *beste* Freund Ihres Sohnes.

Kinder mögen es nicht, wenn wir ihre Tränen herunterspielen. Sie wollen, dass wir sie respektieren. Und wenn wir jede ihrer Tränen respektieren, werden wir auch eher erleben, dass sie ihre besonders kostbaren Tränen in unserer Gegenwart weinen können – Tränen der Scham und der Reue. Verständnisvolle Schultern, die bereit sind, sich von diesen gefährlichen Tränen benetzen zu lassen, helfen unseren Kindern am besten, mit den Dingen klarzukommen, die diese Tränen zum Fließen gebracht haben.

Ich sage es noch einmal: Tränen sind ein Geschenk. Eltern, die ihre Kinder wirklich lieben, sorgen dafür, dass sie einen geschützten Raum haben, um ihre Tränen fließen zu lassen.

36

Schenken Sie Ihrem Kind Liebe, die moralisch ausgewogen ist

Es war ein gewaltiger Schneesturm gewesen. Als mein Bruder und ich am Morgen aus dem Fenster blickten, sahen wir nichts als Geld. Denn das würde in unsern Taschen klimpern, nachdem wir die Einfahrten unserer Nachbarn vom Schnee befreit hatten. Doch aus der Vergangenheit wussten wir auch, dass wir erst dann zu unserer zahlenden Kundschaft gehen konnten, wenn wir die älteren Nachbarn ausgebuddelt hatten, wie unsere Mutter es uns stets auftrug, bevor wir hinausstürmten.

Das führte uns zu Mrs Martins Haus. Sie war eine verarmte Witwe, und als sie die Tür öffnete, merkten wir gleich, dass etwas nicht stimmte. Ihre heisere Stimme und die vielen Kleidungsstücke, die sie sich übergezogen hatte, gaben uns den ersten Hinweis. Die Totenstille im Haus lieferte den zweiten: Man hatte ihr den Strom abgestellt.

Die Gründe dafür spielen keine Rolle. Doch was geschah dann? Während mein Bruder anfing, den Schnee von ihrem Gehweg zu räumen, lief ich schnell nach Haus, um meinem Vater Bescheid zu sagen. Er zögerte nicht. Er rief weder den Pastor an, um seinen Rat einzuholen, noch schlug er seine Bibel auf. Er sagte mir nur, ich solle seine isolierte Zange holen, während er sich seine Wintersachen überzog. Fünf Minuten später beobachtete ich, wie dieser Mann, der mir immer beigebracht hatte, das Gesetz zu achten, das Siegel der

Stromgesellschaft durchzwickte (was eine Straftat darstellte), die Stromsperre aufhob und den Hauptschalter umlegte. Als Nächstes verschwand er im Keller von Mrs Martins Haus und setzte ihre Heizung in Gang. Bald sollte sie es wieder warm haben.

Er machte mir deutlich, dass es hin und wieder schon mal vorkommen kann, dass zwei Werte im Widerstreit miteinander liegen. Gelegentlich bleibt einem nur der Bruchteil einer Sekunde, um sich zwischen dem Ehrbaren und dem Korrekten zu entscheiden. Zu entscheiden, ob man das Gute tun will oder das Beste. Wer Kinder großzieht, gerät oft in den Konflikt zwischen Gerechtigkeit und Gnade, zwischen Strenge und Nachgiebigkeit. Mir ist aufgefallen, dass Eltern, die in solchen Situationen klug zu entscheiden wissen, auch zu den Menschen gehören, die Gottes Wort jeden Tag neu im Herzen bewegen.

Moralische Ausgewogenheit: So lautet das Heilmittel – für halb erfrorene Nachbarn ebenso wie für Kinder, deren Herzen hin und wieder verwirrt sind.

Nach: *When Virtues Collide*

37

Schenken Sie Ihrem Kind Liebe, die vor Dankbarkeit übersprudelt

„Willst du nicht Danke sagen?“ Wie oft haben Sie Ihre Kinder schon ermahnt, dieses Wort nicht zu vergessen? Seien Sie nicht schockiert, wenn Sie ihnen diesen Satz selbst dann noch ins Ohr flüstern müssen, wenn sie es eigentlich längst selbst wissen müssten.

Leider stimmt es, dass der Mensch von Geburt aus nicht unbedingt dazu neigt, sich dankbar zu zeigen. Das Gegenteil ist der Fall. Viele Menschen sind trotz all ihres Besitzes und all dessen, was ihnen gegeben ist, nicht zufrieden. Ich würde sogar noch weiter gehen: Oft haben sie das Gefühl, ihnen stünde eigentlich noch mehr zu. Es fehlt ihnen an Demut oder Dankbarkeit, und darum glauben sie, sie verdienten den besten Sitzplatz, das schönste Büro, den vordersten Platz in der Schlange, den wenigsten Ärger, das größte Stück vom Kuchen, das letzte Stück vom Kuchen, die besten Lehrer für ihre Kinder und die geringsten Konsequenzen für die Untaten ihres Nachwuchses. Ich sollte besser aufhören.

Kinder, die mit einer solchen Einstellung ins Leben geschickt werden, haben keine Chance.

Ohne die nötige Schulung entwickeln manche Kinder lediglich eine gebetsmühlenartige Dankbarkeit, die schlicht und einfach gutes Benehmen widerspiegelt. Das ist besser als nichts, aber es ist nicht echt. Echte Dankbarkeit kommt aus einem wahrhaft dankbaren Herzen.

voller Dankbarkeit

Kinder brauchen unbedingt Liebe, die von unerschrockener Wertschätzung nur so übersprudelt. Wenn wir als Eltern beschließen, dass Gott nicht nur Gott, sondern der Herr unseres Lebens sein soll, dann kann dieses lebendige Zeugnis die Dankbarkeit von einer Gebetsmühle in einen Wesenszug unserer Kinder verwandeln. Wenn Gott unser Herr ist – und wenn wir erkennen, was für einen hohen Preis Gott für unser Leben bezahlt hat –, dann wird uns die Dankbarkeit zur zweiten Natur. Unsere Haltung spiegelt sich nicht in einem höflichen „Danke“ wider, sondern sie kommt tief aus unserem Bauch und geht mitten durch unser Herz, bevor sie sich in einem großen „VIELEN DANK!“ ergießt.

Sie kennen vielleicht das alte Sprichwort: „Was man austeilt, das empfängt man wieder.“ Das trifft besonders auf die Dankbarkeit zu. Eltern, die ihre Kinder wirklich lieben, zeigen ihnen, wie echte Dankbarkeit aussieht. Dann werden sie erleben, wie ihre Kinder diese Haltung der Dankbarkeit auch ihnen gegenüber einnehmen.

38

Schenken Sie Ihrem Kind Liebe, die es zur Offenheit ermutigt

„Papa, Mama, wir müssen reden. Ich bin sauer auf euch." Dürfen Ihre Kinder so offen auf Sie zugehen? Kinder, die in einem Elternhaus aufwachsen, das sie zur Offenheit ermutigt, werden das tun.

Bitte beachten Sie das Wort „Offenheit". Ich hätte auch Ehrlichkeit sagen können. Aber das habe ich nicht getan. Aus gutem Grund, denn ungezügelte und ungeschminkte Ehrlichkeit kann tödlich sein. Worte können nicht nur verletzen, sie können Beziehungen zerstören – manchmal für immer. Darum verlangt es unsere Liebe zu unseren Kindern, dass wir die Wahrheit durch den Filter der Barmherzigkeit laufen lassen. Und dann wird daraus Offenheit.

Bei der Offenheit geht es nicht darum, den anderen in einem Moment fehlender Wachsamkeit zu überrumpeln, um ihn schlechter aussehen zu lassen, als er ist. Alles andere als das. Offenheit rangiert mehrere Stufen über der Ehrlichkeit. Sie stellt eine Art der Kommunikation dar, die frei von Vorurteilen und Boshaftigkeit ist. Sie nimmt die Wahrheit und kleidet sie so ein, dass sie hilft und nicht verletzt. In einer Familie, in der man offen miteinander umgeht, herrscht auch ein hohes Maß an Fairness.

Mut zur Offenheit

In einer solchen Familie kann ein Kind seine Gedanken frei äußern, ohne fürchten zu müssen, dass ihm dies heimgezahlt wird. Kinder können offen – wenn auch mit Respekt – reden, ohne fürchten zu müssen, dass ihnen dafür der Kopf zurechtgerückt wird. Darum herrscht in Familien, die Offenheit pflegen, ein respektvolles Geben und Nehmen zwischen Eltern und Kindern. Die Barmherzigkeit ist entscheidend, weil sie verhindert, dass die Ehrlichkeit ein hässliches Gesicht bekommt. Barmherzigkeit fördert einen offenen Austausch über Herzensangelegenheiten auf einer wesentlich höheren Ebene der Direktheit – einer *vorsichtigen* Direktheit, die die Würde des anderen achtet. Eine Offenheit, die sich auf Barmherzigkeit gründet, ist wie eine Reise durch die Welt der Wahrheit, bei der man sich unterwegs nicht gegenseitig zerfleischt.

Es mag um Freundschaften gehen oder um Beziehungen zum anderen Geschlecht, um Fehler, geistliche Kämpfe oder gar um uns als Eltern. Wahre Liebe hat vor solchen Gesprächen keine Angst. Sie begrüßt sie sogar. Und während man miteinander redet, entsteht eine Atmosphäre, in der Bitterkeit keine Stimme bekommt und schnippische Bemerkungen keinen Fuß fassen können.

Nach: *Grace-Based Parenting*

39

Schenken Sie Ihrem Kind Liebe, die über seiner Ruhe wacht

Zu einem gesunden Lebenstempo gehört mehr, als nur dafür zu sorgen, dass jeder seinen Nachtschlaf bekommt. Das ist ein Anfang, aber es reicht nicht, weil dahinter die Haltung steht, auszuruhen sei ein rein körperliches Bedürfnis. Das stimmt nicht. Kinder brauchen Ruhe nicht nur für ihren Körper, sondern auch für ihre Emotionen und für ihren Geist. Deshalb geht es bei der Entscheidung, eine „ausgeruhte" Familie zu sein, auch darum, welches Lebenstempo wir uns verordnen, und nicht nur um den nächtlichen Schlaf.

Stellen Sie es sich vor: Da ist eine Familie, die nachts ausreichend schläft, aber dennoch von einer tiefen Unruhe beherrscht wird. Dafür gibt es einen Grund. Sie lebt in Hast.

Oft können sich Familien nicht einmal dann ausruhen, wenn sie es wollen. Sie fühlen sich nicht wohl, wenn alles still wird. Sie sind selten zufrieden, ihre moralischen Maßstäbe schwanken hin und her, sie sorgen sich um Dinge, die sie nicht ändern können, und sind erst glücklich, wenn sie das Spiel ihres Lebens – welches es auch immer gerade sein mag – gewonnen haben.

Ein gehetzter Lebensstil ist in westlichen Familien weitverbreitet. Doch die Tatsache, dass er so vorherrschend ist, bedeutet nicht, dass wir aufgeben und zulassen dürfen, dass man unserer Familie ihre Ruhe raubt.

Wir dürfen in diesem Kampf Hoffnung schöpfen. Wir finden vielleicht keine Möglichkeit, uns aus dieser schnelllebigen Gesellschaft zurückzuziehen, aber wir können in ihr zur Ruhe kommen. Jesus zeigt uns, wie das geht: „Kommt her zu mir, alle, die ihr mühselig und beladen seid; ich will euch erquicken“ (Matthäus 11,28; Luther).

Diese Worte des Herrn besitzen zeitlose Gültigkeit. Sie ziehen sich durch all die über zwanzig Jahrhunderte und wollen auch unsere Familie erquicken. Sie versichern uns, dass unsere Suche nach Ruhe kein unerreichbares Ziel ist. Doch sie muss *in uns* beginnen, bevor sie *um uns herum* Wirkung zeigen kann. Familien, die das begreifen, bringen Kinder hervor, die mit mehr Begeisterung spielen, mit mehr Raffinesse arbeiten und mit mehr Ruhe schlafen. Das ist die logische Konsequenz der Lösung, die Gott uns für unser Ruheproblem gibt: Er liebt uns, er hat uns einen Sinn und ein Ziel für unser Leben gegeben und er verspricht uns Hoffnung.

Nach: *Little House on the Freeway*

Schenken Sie Ihrem Kind Liebe, die Gott fürchtet

Alle, die den Herrn ernst nehmen,
sind in Sicherheit, und auch ihre Kinder
haben eine Zuflucht.

Sprüche 14,26

Sein Erbarmen hört niemals auf;
er schenkt es allen, die ihn ehren,
von einer Generation zur andern.

Lukas 1,50

40

Schenken Sie Ihrem Kind Liebe, die Gott fürchtet

Die meisten Menschen halten Furcht für etwas Negatives. Darum setzen sie alles daran, Furcht zu vermeiden. Dabei ist Furcht eigentlich hilfreich. Es hängt ganz davon ab, was oder wen wir fürchten.

Eine Art von Furcht rückt alle anderen ins rechte Licht. Sie gibt der Furcht, die uns zum Schutz dient, ihre Berechtigung und überwindet jene Furcht, die uns schlichtweg quält.

Ich spreche von der Furcht vor Gott.

Ich weiß, was Sie jetzt sagen werden. Sie haben die Kapitelüberschrift gelesen und sich über die Nennung von „Liebe" und „Furcht" im selben Atemzug gewundert. Als ob diese beiden Begriffe austauschbar wären. Doch wenn wir von einer gesunden Gottesfurcht sprechen, sind sie das durchaus.

Manchen Christen sträuben sich bei dem Gedanken die Haare. Sie meiden Gemeinden, in denen ein solcher Zusammenhang hergestellt wird. Wenn ihrem Pastor mal ein verbaler Ausrutscher unterläuft und er in einer Predigt erwähnt, man müsse Gott fürchten, so haben sie ihm bereits eine flammende E-Mail geschickt, noch bevor er am Sonntagmittag wieder zu Hause ist.

Sie gehen davon aus, dass man einen Gott, den man fürchten muss, nur mit Mühe lieben kann. Ich frage mich, ob sie diesem Gott jemals begegnet sind. Wenn sie ihm begegnet wären, würden sie nicht nur den Gedanken von der Gottesfurcht bejahen, sie würden ihr ganzes Glaubensleben darauf

aufbauen, ihn zu fürchten. Eine gesunde Gottesfurcht ist nichts anderes als die Anerkennung des Offensichtlichen und ein dementsprechendes Verhalten. Gott ist der Schöpfer. Wir sind es nicht. Er hält die ganze Welt in seiner Hand. Wir können das gar nicht. Er kennt Anfang und Ende unserer Lebensgeschichte. Wir wissen nichts darüber. Er liebt uns mit einer Liebe, die niemals aufhört. Wir können uns höchstens wünschen, zu einer solchen Liebe fähig zu sein.

Gott zu fürchten ist ein Schutz für uns und unsere Kinder. Wenn wir diese Haltung annehmen, sagen wir damit: „Wir erkennen an, dass Gottes Liebe wunderbar ist, dass wir sie jedoch nicht missbrauchen dürfen. Was er von uns fordert, ist vernünftig und liebevoll, sollte aber keinesfalls ignoriert werden." Und es gibt noch einen weiteren wichtigen Vorteil, wenn wir Gott fürchten. In einer großen Londoner Kirche sah ich eine Inschrift auf dem Grab eines gewissen Lord Lawrence. Sie macht die Kraft deutlich, die darin liegt, Gott zu fürchten:

„Seine Furcht vor Menschen war so gering, weil seine Furcht vor Gott groß war."

Legen Sie etwas von dieser Furcht in die Herzen Ihrer Kinder und sie werden ihr Leben wesentlich mutiger führen können.

41

Schenken Sie Ihrem Kind Liebe, die zur Tapferkeit ermutigt

Ob es uns gefällt oder nicht, wir sind als Eltern so etwas wie Befehlshaber einer kleinen, aber nicht unbedeutenden Schar von Soldaten. Ob uns dieses Bild liegt, spielt keine Rolle. Das Schlachtszenario ist real. Der Krieg, in dem wir stehen, wird um die moralische Sicherheit und um die Seelen unserer noch ungefestigten Kinder geführt.

Wenn sie eine Chance haben sollen, müssen wir sie trainieren. Ein wichtiges Element unserer Strategie sollte sein, sie zu beherzten, mutigen Menschen zu erziehen. Sie brauchen diesen Mut bereits heute. Sie werden ihn noch mehr brauchen, wenn sie eines Tages auf eigenen Füßen stehen.

Viele Kinder sind bereits in jungen Jahren zu viel Schlimmem ausgesetzt. Das Tempo, die Komplexität und die Verwirrungen des Lebens versuchen, einen Keil in unsere Familien zu treiben. Beziehungen gehen kaputt, Ehepartner prozessieren vor Gericht gegeneinander, Wahrheit wird relativiert und bloße Meinungen bekommen ein übermäßiges Gewicht.

Bei einer so ausgeklügelten Bedrohung braucht ein Mensch Entschlossenheit. Darum müssen Eltern, die ihre Kinder wirklich lieben, den Samen der Tapferkeit schon sehr früh in ihre Kinder hineinlegen und ihn täglich pflegen.

zur Tapferkeit ermutigen

Als Howard Carter seine Kerze durch die kleine Öffnung im Grab Tutanchamuns hielt, traute er seinen Augen kaum. Welch ein Reichtum hatte dort über dreitausend Jahre geschlummert. Wie jeder Archäologe hielt er Gold, Silber und all die kostbaren Gegenstände für den eigentlichen Schatz. Doch da lag noch ein anderer Schatz begraben – kaum zu entdecken und doch von unschätzbarem Wert: In den Kästen und Krügen, die um den Sarkophag des jungen Pharaos herum standen, entdeckte Carter Weizenkörner, die man dem Herrscher für seine Reise durch die Totenwelt mitgegeben hatte. Niemand hätte gedacht, dass diese Weizenkörner, die dort drei Jahrtausende lang geschlummert hatten, noch keimen könnten.

Doch das taten sie. Man pflanzte die Samen ein, wässerte und umsorgte sie und es entstand Leben. Dieser Weizen, der so viele Jahrhunderte über in Dunkelheit und Stille gelegen hatte, erwies sich als das einzig Lebendige im ganzen Grab.

So ist das, wenn man den richtigen Samen unter den richtigen Bedingungen kultiviert. So ist es auch mit dem Samen der Tapferkeit. Es braucht nur liebevolle Eltern, die diesen Samen einpflanzen und kultivieren, und sie werden ihn wachsen sehen.

Nach: *Homegrown Heroes*

42

Schenken Sie Ihrem Kind Liebe, die das Beste in ihm zum Vorschein bringt

Wäre es nicht schön, wenn man das Leben auf einen einfachen Nenner bringen könnte, ähnlich wie die Kommandos auf einem Exerzierplatz: „Rechts-links-rechts-links." Man wüsste dann immer, welcher Schritt als Nächstes dran ist. Man müsste nur noch lernen, Schritt zu halten.

Schön? Vielleicht. Realistisch? Auf keinen Fall.

Wenn Kindererziehung eines ist, dann ist sie unvorhersehbar. Darum gleicht sie nicht einem Marschtakt, sondern eher einem Tanz, bei dem der Rhythmus immer wieder wechselt. Gerade wenn man denkt, man habe den Schritt gelernt, wechselt das Tempo und man kommt aus dem Takt. Nicht selten hat man das Gefühl, eher den stampfenden Rhythmus in einem Mostbottich zu treten.

Doch trotz alledem wird von uns erwartet, immer wieder das Beste in unseren Kindern zum Vorschein zu bringen. Ich weiß, was uns dabei helfen kann. Es soll uns Eltern davor bewahren, unsere Kinder zur Verzweiflung zu treiben. Ich habe diesen Rat ausgerechnet in dem Buch eines Militär-Offiziers gefunden.

Doch damit dieser Rat Wirkung zeigen kann, müssen Sie ein sorgsamer Beobachter Ihrer Kinder werden und bleiben! Warum? Wir werden das Schlimmste in unseren Kindern zum Vorschein bringen, wenn wir nicht darauf achten, mit welchen

Voraussetzungen an Reife und Fertigkeiten sie an eine gestellte Aufgabe herangehen. Darauf wird ein guter Unteroffizier Rücksicht nehmen.

Wenn die Kinder noch wenig Reife besitzen und ihre Fertigkeiten gering sind, müssen wir sie *anleiten* – wir müssen ihnen sagen oder zeigen, was sie tun sollen. Wenn ihre Reife und ihre Fertigkeiten zugenommen haben, müssen wir ihnen *Raum geben, sich zu entfalten*. Wie kann das gehen? Zum Beispiel, indem wir sie fragen: „Was meinst du? Wie sollen wir diese Aufgabe lösen?", oder: „Wie hast du das sonst immer gemacht?" Wenn ihr Maß an Reife und Fertigkeiten schon sehr hoch ist, *delegieren* wir einfach eine Aufgabe an sie und lassen sie diese dann so lösen, wie sie es für richtig halten. Sie können sich vorstellen, dass man ein Kind überfordert, wenn man ihm eine Aufgabe gibt, für die es entweder nicht reif genug ist oder zu der ihm die nötigen Fertigkeiten fehlen. Im Gegenzug macht es dem Kind auch keinen Spaß, wenn wir es bei einer Aufgabe anleiten, die es ohne Mühe selbst bewerkstelligen kann.

Hier noch einmal mein Rat: Hören Sie niemals auf, Ihre Kinder zu beobachten. Das ist der sicherste Weg, ihnen Ihre Liebe so zu zeigen, dass Sie das Beste in ihnen zum Vorschein bringen.

Nach: *Basic Training for a Few Good Men*

43

Schenken Sie Ihrem Kind Liebe, die ihm hilft, seine Ängste zu bewältigen

Angst ist wie eine geladene Waffe. Sie ist sehr hilfreich, um sich zu schützen, wenn jemand versucht, uns umzubringen, aber sie ist gefährlich, wenn sie nur so herumliegt. Manche Menschen vermeiden Angst um jeden Preis. Andere wiederum geben alles dafür, ihren Schrecken zu spüren. Ob sie nun am Bungee-Seil von einer Brücke springen oder an der Börse spekulieren – sie brauchen den Adrenalinstoß, der mit der Angst verbunden ist. Und man kann nie vorhersagen, wie sie dann reagieren. Was dem einen den Kick gibt, lähmt den anderen völlig – und das nur wegen dieser wenig greifbaren Kraft, die unsere Seele verfolgt und uns antreibt.

Gott lässt uns nicht durchs Leben tänzeln, ohne uns nicht auch hin und wieder einen Tango mit der Angst aufzuzwingen. Angst gehört ebenso zu unserem Leben wie Freude, Fassungslosigkeit, Zufriedenheit oder Begeisterung. Manche Menschen verstehen die Angst besser als andere. Wir nennen solche Menschen mutig. Sie wissen, dass die Angst ihrem Mut das nötige Stehvermögen gibt. Sie machen sich die Angst zum Freund, damit sie im richtigen Moment das Richtige tun, egal, was es sie kostet.

Die Angst ist eine der größten Gaben aus dem Arsenal der menschlichen Emotionen, die Gott uns gegeben hat. Die Angst vor dem finanziellen Untergang treibt uns morgens aus dem Bett und in die Mühlen unseres Alltags. Angst bewahrt

uns vor ausweglosen Situationen. Gleichzeitig gibt sie uns die Kraft, in solchen Situationen durchzuhalten, wenn sie sich nicht vermeiden lassen. Angst packt uns, wenn uns die „Mutter aller Versuchungen" lockt, die unsere Ehe, unsere Kinder und unseren guten Ruf zerstören kann. Könnte man es statistisch erfassen, würde man wohl feststellen, dass mehr Familien durch schiere Angst vor dem moralischen Untergang bewahrt wurden als durch ethische Grundsätze.

Das war die gute Nachricht. Hier nun die schlechte: Wir müssen lernen, die Angst zu bewältigen, sonst zerstört sie alles, wofür wir arbeiten, entwertet den Gott, für den wir leben, und verrät die Menschen, für die wir bereit wären zu sterben. Es gehört nicht zu den sieben Todsünden, zuzulassen, dass die eigene Familie von Ängsten beherrscht wird – aber das sollte es. Tun Sie Ihren Kindern einen Gefallen: Erweisen Sie ihnen so viel Liebe, dass Sie ihnen zeigen, wie sie sich die Angst zum Freund machen können, damit sie nicht zu ihrem Feind wird.

Nach: *The High Cost of High Control*

44

Schenken Sie Ihrem Kind Liebe, die es niemals aufgibt

„Straßenkappen" – Sie haben diesen Ausdruck vielleicht noch nie gehört, aber Sie haben sie sicher schon gesehen. Es sind diese Baseball-Kappen, die ihren früheren Besitzer einmal sehr stolz gemacht haben, aber nun auf irgendeiner Straße herumliegen und im Sonnenlicht vor sich hinbleichen.

Mir tun sie leid.

Das ist vermutlich nicht das Gescheiteste, was man in einem Buch von sich geben kann, aber ich habe solche Kappen schon mehr als einmal vor dem Untergang bewahrt. Ich weiß, was Sie jetzt denken: *Dieser Kimmel ist ein ziemlicher Spinner. Warum rettet er die Baseball-Kappen anderer Leute? Er weiß doch gar nicht, wo die schon überall rumgelegen haben. Hat der Mann denn überhaupt keine Klasse?*

Lassen Sie mich die letzte Frage zuerst beantworten: Nein. Ich wurde mit einem Plastiklöffel im Mund geboren. Ich bin der Überzeugung, das beste Parfüm für einen Mann ist der Schweiß eines anständigen Arbeitstages. Ich bin in einer Arbeiterfamilie groß geworden, und das schüttelt man nicht ab. Außerdem *trage* ich diese Straßenkappen ja nicht – ich *rette* sie nur.

Sie erinnern mich an etwas, oder besser: an jemanden. An Kinder. Kinder, die in diesem Leben aus irgendeinem Grund auf der Strecke geblieben sind.

Wie dieses pummelige Kind, über das sich die anderen im McDonald's-Restaurant lustig machen, weil es zu fett ist, um durch die Röhre im Spielbereich zu krabbeln. Oder das Mädchen mit dem unscheinbaren Gesicht, das beim Abschlussball ihres Tanzunterrichts die ganze Zeit still in einer Ecke steht, weil niemand es zum Tanzen auffordert. Und dann ist da noch dieser verklemmte Junge mit den vielen Ringen im Ohr, dem keiner hilft, mit den vielen Nöten seines Lebens klarzukommen. Da ist dieses Durchschnittskind, das im Kielwasser der Masse mitschwimmt; das langsame und ungeschickte Kind, das bei jedem Mannschaftsspiel auf der Ersatzbank hockt; das farbige Kind, das unter lauter weißen Schulkameraden ganz allein ist; das Kind aus einfachen Verhältnissen, das sich auf der Eliteschule reicher Familien durchschlägt; oder der Aussteigertyp, mit dem sich keiner abgeben will.

Jedes Kind braucht einen Menschen, der es wahrnimmt, sich ihm zuwendet, an es glaubt und es selbst dann nicht aufgibt, wenn alle anderen es schon längst haben fallen lassen. Kinder brauchen unsere Liebe dann am meisten, wenn es am schwersten ist, sie zu mögen. Vielleicht sind sie die „Straßenkappen" unserer Gesellschaft – verlassen und an den Rand der Straße des Lebens geweht. Doch eigentlich braucht es nur Eltern, die auf die Bremse treten, ihren Wagen zurücksetzen und sie retten.

Nach: *Road Hats*

45

Schenken Sie Ihrem Kind Liebe, die für ihre Großzügigkeit bekannt ist

Darf ich ein wenig ausholen? Ich würde gerne das Trinkgeld als Bild für ein Erziehungsthema benutzen.

Manche Menschen halten sich gerne in der Nähe von großzügigen Leuten auf: Kellner zum Beispiel oder Hotelpagen oder die Leute, die einem das Auto einparken, oder auch Bettler. Eines haben sie alle gemeinsam: Ihr Erfolg – und manchmal auch ihr Überleben – hängt davon ab, dass andere ihnen etwas geben, obwohl sie dazu nicht verpflichtet sind. Wenn sie etwas bekommen, dann nur, weil ein anderer sich entschlossen hat, *großzügig* zu sein. Alle dieser eben genannten Personen (außer einer) liefern dafür einen bestimmten Service. Sie erhalten einen Mindestlohn, unabhängig davon, was andere dazugeben. Aber etwas Wohlstand erreichen sie nur, wenn die Leute ihnen ein gutes Trinkgeld geben.

Hängt die Großzügigkeit der Leute nicht auch von der Qualität ihrer Dienste ab? Ja, wenn sie gerne schwarz-weiß denken. Aber in einer Welt, die von Barmherzigkeit bestimmt ist, macht das keinen Unterschied. Wer aus der Gnade lebt, für den hat die Qualität einer Dienstleistung keinen Einfluss auf seine Großzügigkeit.

Das liegt daran, dass großzügige Menschen nicht auf eine Gelegenheit warten, sich von anderen bedienen zu lassen. Sie suchen nach Gelegenheiten, andere zu segnen.

Großzügigkeit vorleben

Es ist offensichtlich, wie sich dieser Grundsatz auf unsere Kinder übertragen lässt. Wir können unsere Freundlichkeit von ihren Leistungen abhängig machen – so macht es die Welt, in der sie leben, ja auch. Oder wir können unsere Großzügigkeit frei von Bedingungen zeigen: einfach deshalb, weil sie Kinder sind – unsere Kinder.

Die Bibel sagt uns, dass Gott es über die guten wie über die weniger guten Menschen regnen lässt (vgl. Matthäus 5,45). Warum? Weil jedem hin und wieder ein Glas Wasser guttut. Gott beschränkt seinen Segen nicht auf die Menschen, die nach seiner Pfeife tanzen. Sein Segen ist Ausdruck seines großzügigen Wesens. Er segnet uns, weil er uns liebt.

Es ist sicher nichts Falsches daran, bestimmte *Privilegien* und *Freiheiten* daran zu binden, wie verantwortungsbewusst sich ein Kind verhält. Das ist einfach nur eine kluge Erziehungsmaßnahme. Aber Großzügigkeit ist etwas völlig anderes. Sie entspringt einer Herzenshaltung.

Kinder zu segnen und sie zu verhätscheln ist nicht das Gleiche. Eltern, deren Herz synchron zum Pulsschlag Gottes schlägt, werden beides zu unterscheiden wissen.

46

Schenken Sie Ihrem Kind Liebe, die es als Ehre empfindet, für es da zu sein

Es war ungefähr in der zehnten Klasse im Literaturunterricht. Es war der Augenblick, in dem wohl die meisten amerikanischen Schüler auf poetische Weise mit der verlockenden Hoffnung in Berührung kommen, Herr ihres eigenen Lebens zu sein. Es war der Tag, an dem wir William Earnest Henleys Gedicht *Invictus* lasen, das mit den berühmten Worten schließt: *„Ich bin der Herr über mein Schicksal. Ich bin der Kapitän meiner Seele.“*

Tatsächlich? Meinst du, William? Nein, das bist du nicht. Und du warst es auch nie. Niemand ist das.

Egal, wie schön das in einem Gedicht auch klingen mag, unsere Wirklichkeit lehrt uns, dass niemand Herr über sein Leben ist. Die einzige freie Entscheidung, die uns im Blick auf unser Leben bleibt, ist die, wem wir dienen wollen. Entweder lassen wir Gott über unser Leben herrschen, oder wir geben unser Leben in die Hände dunkler Mächte, die sich unserer Seele bemächtigen wollen. Von dieser Entscheidung an übernehmen die logischen Folgen unserer Wahl das Ruder.

Wenn wir das nicht begreifen, untergraben wir nicht nur unsere Bemühungen, unsere Kinder auf ein erfolgreiches Leben vorzubereiten, sondern wir setzen sie auch noch der Gefahr aus, von eben den Dingen beherrscht zu werden, die das Scheitern unserer Bemühungen verursacht haben.

für das Kind da sein

Ein entscheidendes Merkmal von Menschen, die ihr Leben Gott übergeben haben, ist, dass sie nicht nur die Bereitschaft besitzen, anderen zu dienen, sondern dies auch noch als *eine Ehre* betrachten. Die Tatsache, dass wir Gottes lebendige Mittler und Boten seiner Gnade sein können, verwandelt unser Dienen von einer Pflicht in ein Privileg. Und in unserer Familie haben wir am meisten Gelegenheit, dieser Ehre nachzukommen.

Kinder, die in einer Familie aufwachsen, in der es die Eltern als Ehre empfinden, für ihren Nachwuchs zu sorgen, werden weder Spott noch Schuldzuweisungen fürchten müssen, wenn die Aufgabe ihre Eltern an ihre Grenzen bringt. Sie werden vielmehr feststellen, dass Papa und Mama ihnen mit freundlicher Entschlossenheit – gebadet in Schweiß – begegnen.

Stellen Sie sich das doch nur vor! Wir sind Gottes Hände, wenn unseren Kindern ihre Lasten zu schwer werden. Wir sind Gottes Augen, wenn unsere Kinder ihren Weg nicht finden. Wir sind Gottes Stimme, wenn sie ein aufmunterndes Wort brauchen. Wir sind Gottes Arme und Lippen, wenn sie sich von Herzen nach einer zärtlichen Berührung sehnen.

Nach: *Raising Kids for True Greatness*

47

Schenken Sie Ihrem Kind Liebe, die gerne Opfer bringt

In unserer westlichen Kultur neigen wir dazu, uns das Leben so angenehm wie möglich machen zu wollen. Es ist nichts Falsches daran, wenn wir versuchen, uns die Lasten, die wir tragen, so leicht zu machen, wie wir nur können. Ich bin ein echter Fan von Wegwerfwindeln für Babys und DVDs für die Größeren.

Doch wir müssen aufpassen, dass unser Bedürfnis nach Bequemlichkeit und Komfort nicht unsere göttliche Berufung untergräbt, für unsere Kinder Opfer zu bringen. Wir müssen bereit sein, großzügig unsere Zeit, unsere Kraft, unser Geld, unseren Schlaf und sogar unseren guten Ruf zum Wohl unserer Kinder einzusetzen. Wir müssen unsere eigenen Interessen zurücknehmen, unseren Stolz beiseitelegen und vermutlich so manche Nacht wach bleiben, bis der Letzte heil heimgekehrt ist. Ich denke, das ist doch das Mindeste an Opfern, die wir bringen sollten, wenn man bedenkt, welches Opfer Gott für uns gebracht hat.

Die Bereitschaft, unser Leben für unsere Kinder einzusetzen, ist eine natürliche Folge unserer tiefen Liebe zu Gott. Die Kraft, die unser Einsatz für unsere Kinder besitzt, lässt sich kaum berechnen. Wenn unsere Kinder erleben, wie selbstlos wir unseren Glauben leben, ist die Wahrscheinlichkeit groß, dass sie sich auch selbst nach einem solchen Glauben sehnen werden.

Opfer bringen

Als ich Kind war, bekam unsere Sonntagsschulgruppe mal Besuch von einer Missionarin. Sie sagte: „Vor langer Zeit, noch bevor es Flugreisen gab, mussten die Missionare mit ihren Siebensachen auf Dampfschiffen reisen, um ihr Missionsfeld zu erreichen. Oft dauerte es Monate, bis sie dort ankamen. Aber ihre wahre Opferbereitschaft zeigte sich darin, dass sie ihre Habseligkeiten in einem Sarg verstauten. Sie taten das, weil sie oft in Gegenden gingen, die dem Evangelium gegenüber feindselig eingestellt waren, und so war es gut möglich, dass sie dort ihr Leben lassen mussten. Außerdem hatten die meisten ohnehin vor, bis an ihr Lebensende zu bleiben."
Eine solche Opferbereitschaft bezieht ihre unwiderstehliche Kraft aus reiner *Liebe*.

Unsere Kinder brauchen diese Liebe. Ob wir bereit sind, für sie zu sterben, werden sie daran erkennen, wie dankbar wir dafür sind, für sie zu leben – besonders dann, wenn uns dies einen hohen Preis abfordert.

Nach: *Why Christian Kids Rebel*

48

Schenken Sie Ihrem Kind Liebe, die auf es achtgibt

Wir sind eine Gesellschaft, die leicht zu unterhalten ist. Ich sollte das wissen ...

Jeden Samstagmorgen pflegte ich mit meinen Geschwistern aufzustehen, um Zeichentrickfilme anzuschauen. Damals gab es noch kein 24-Stunden-Programm, keinen Kinderkanal und keinen Kanal, der von morgens bis abends nur Zeichentrickfilme zeigte. Manchmal setzten wir uns bereits vor den Fernseher, bevor die Anstalten überhaupt auf Sendung gingen. Wir schalteten die Kiste an und starrten das Testbild an. Es wurde von einem Dauerton begleitet (e-Moll, wie wir mithilfe des Klaviers herausfanden).

Aber wir schauten es uns trotzdem an!

Manchmal sangen wir sogar eine Zweitstimme zum Ton. Das zeigt, wie wenig nötig war, um uns zu unterhalten. Und falls Sie jetzt befürchten, dass ich eine Hetzrede gegen Fernseher halten werde, so dürfen Sie sich entspannt zurücklehnen. In unserem Haus gibt es sechs Fernsehgeräte.

Der Fernseher ist nicht das, was unsere Familien bedroht. Wie sollte er auch? Er besitzt ja schließlich einen Ein/Aus-Schalter und eine Fernbedienung, mit der man den Sender aussuchen kann. Ein Fernseher zeigt uns nur, was wir sehen wollen. Ob es nun ums Fernsehen geht oder um die Unterhaltungsmedien ganz allgemein, die Liebe zu unseren Kindern

zwingt uns, einzuschreiten und ihnen zu helfen, eine gesunde Auswahl zu treffen.

Die Liebe muss das Leben im Interesse unserer Kinder filtern.

Wir würden niemals irgendeinen Typen im Schutzanzug in unser Haus lassen, damit er unsere Kinder mit Giftmüll überhäuft. Genauso müssen wir die Herzen unserer Kinder vor den krank machenden Philosophien unserer Kultur schützen, die über die Unterhaltungsmedien in ihr Innerstes eindringen wollen. Ob es nun um Fernsehen, Kino, Musik, Websites oder Videospiele geht – wir müssen achtgeben, dass das Wohlbefinden unserer Kinder gewahrt bleibt.

Solange sie klein sind, müssen wir ihre zerbrechlichen Emotionen und ihre verletzliche Naivität *schützen*. Doch wenn sie die Pubertät erreichen, müssen wir unsere Strategie anpassen und sie darauf *vorbereiten,* in Sachen Unterhaltung eine kluge Wahl zu treffen.

Auf diese Weise bringen kluge Eltern kluge Kinder hervor. Vertrauen Sie mir: Das gehört zu der Formel für erfolgreiche Eltern, die ihren Kindern wirklich zeigen wollen, dass sie sie lieben.

49

Schenken Sie Ihrem Kind Liebe, die ihm die Richtung weist

Die Schlange all der Eltern, die sich für ihre Kinder großen Lebenserfolg wünschen, könnte sicher die ganze Welt umspannen. Ich selbst gehöre auch dazu. Wer würde sich das denn nicht wünschen? Wir lieben unsere Kinder mehr als uns selbst. Wir geben die besten Jahre unseres Lebens, um ihnen den bestmöglichen Start in eine erfolgreiche Zukunft zu verschaffen.

Hier haben wir ein Problem: Es ist schwer, uns dabei nicht von der Kultur um uns herum beeinflussen zu lassen. Die Frage ist, ob unsere Kultur überhaupt eine Ahnung davon hat, was sie vermittelt.

Ich glaube nicht.

Ich ziehe diesen Schluss aus den Richtungsweisungen, die uns im Allgemeinen für unsere Kinder vorgeschlagen werden. Da gibt es etwa ein Dutzend der üblichen Kandidaten, aber ich will nur die ersten fünf nennen.

Zuerst das ach so beliebte Paar: *Gesundheit und Schönheit*. Das sind keine schlechten Zutaten fürs Leben. Problematisch wird es dort, wo sie unabdinglich werden, damit unsere Erfolgsformel funktioniert. Gesundheit ist unberechenbar und Schönheit ist oberflächlich. Sie sagen beide nichts über den Charakter eines Menschen aus. Ein weiterer Kandidat ist *Macht*. Die Leute glauben nicht, dass die Zukunft in die Hände von Menschen gelegt werden wird, die auf Macht und Gewalt verzichten. Sie vergessen dabei Jesu Verheißung, dass Gott gerade diesen Menschen einmal die Erde zum Besitz geben wird (vgl. Matthäus 5,5). Dann gibt es natürlich noch *Geld und Reichtum*. Diese Kombination dürfte den Kindern von ihren Eltern wohl am häufigsten zugeflüstert werden. Und als Letztes wäre da noch *Berühmtheit*.

Gesundheit, Schönheit, Macht, Reichtum und Berühmtheit. Die meisten Eltern raten ihren Kindern, nach diesen Dingen zu trachten. Doch, lieber Freund, wenn Sie Ihrem Kind eines dieser Ziele vor Augen gestellt haben, haben Sie ihm ein sehr niedriges Lebensziel gesetzt.

Jesus gab uns ein wesentlich besseres Ziel für unser Leben. Er sagte: „Du sollst den Herrn, deinen Gott, lieben von ganzem Herzen, von ganzer Seele, von ganzem Gemüt und von allen deinen Kräften“ (Markus 12,30; Luther). Und: „Du sollst deinen Nächsten lieben wie dich selbst“ (Vers 31).

Lieben Sie Gott mit ganzer Leidenschaft und andere Menschen voller Begeisterung. Das ist das Leben der wahrhaft Reichen und Berühmten. Kinder, die sich das zum Ziel setzen, können nicht scheitern. Sie können es Ihren Kindern leicht machen, den Weg zu finden. Sorgen Sie einfach nur dafür, dass sie Ihren Fußstapfen folgen.

Nach: *Raising Kids for True Greatness*

50

Schenken Sie Ihrem Kind Liebe, die unliebsame Aufgaben nicht scheut

Ein junger Vater mit Problemen in der Ehe sagte einmal zu mir: „Mir liegt es einfach nicht, Windeln zu wechseln. Ich spiele gerne mit dem Kleinen, lese ihm vor, passe auf ihn auf, aber wenn es darum geht, dass seine Windel gewechselt werden muss, bin ich draußen. *Das mache ich einfach nicht.*" Mir war klar, warum seine Ehe in der Krise steckte.

Jeder Mensch hat Dinge, die er nicht gerne macht. Ob putzen, Wäsche zusammenlegen, das Auto waschen, in Wartezimmern herumsitzen oder sonntags in die Kirche gehen – jeder macht irgendetwas nur widerwillig. Und deshalb bleiben diese Dinge ungetan.

Doch das Problem ist noch grundlegender: Weil wir nicht gerne öffentlich das Wort erheben, bleiben wir im Elternbeirat stumm, obwohl einige fehlgeleitete Eltern gerade dabei sind, ein gottloses Anliegen durchzukämpfen. Wir haben Angst vor Ablehnung und so dulden wir schweigend das selbstzerstörerische Verhalten eines unserer Kinder. Oder wir wollen nicht als Trottel dastehen und missachten deshalb eine deutliche Weisung, die Gott uns in einer bestimmten Angelegenheit für die Erziehung unserer Kinder gegeben hat.

Eine Beobachtung habe ich immer wieder gemacht: Die Wahrscheinlichkeit, dass es Eltern gelingt, ihre Kinder zu wahrer Größe zu erziehen, wächst proportional zu ihrer Bereitschaft, die Dinge zu tun, die ihnen unangenehm sind. Das ist wie bei einem Marathon. Es sind die Läufer, die sich Monat

für Monat frühmorgens, während andere noch schlafen, ihre Schuhe anziehen und sich durch Kälte und Regen zum Training zwingen, die am Ende als Erste über die Ziellinie laufen. Jesus hat es so ausgedrückt: „Wer unter euch groß sein will, soll euer Diener sein“ (Matthäus 20,26).

Vielleicht macht es uns keinen Spaß, Fenster zu putzen, Windeln zu wechseln, bei den Mathe-Hausaufgaben zu helfen oder abends noch eine Geschichte zu erzählen. Aber wahre Liebe kann es sich nicht leisten zu fragen: „Was habe ich davon?“ Nein, wirkliche Liebe fragt: „Was haben meine Kinder davon?“ Das ist der Unterschied zwischen bloßer Pflichterfüllung in der Kindererziehung und liebevoller Kindererziehung.

Ich bin dankbar, dass Mose damals nicht gesagt hat: „Wenn es darum geht, das Schilfmeer zu durchqueren, dann bin ich draußen.“ Auch David sagte nicht: „Mit Riesen will ich nichts zu tun haben.“ Paulus sagte nicht: „Missionsreisen? Ohne mich.“ Johannes sagte nicht: „Nein, bloß keine Offenbarungen. Das liegt mir nicht.“ Und Maria sagte nicht: „Jungfrauengeburt? Das ist nicht mein Ding.“ Und am dankbarsten bin ich dafür, dass Jesus nicht auf die Idee kam zu sagen: „Ans Kreuz gehen? Ich? Nein, danke.“

Verstehen Sie, was ich meine?

Nach: *I Don't Do Windows*

51

Schenken Sie Ihrem Kind Liebe, die bereit ist loszulassen, wenn die Zeit gekommen ist

Ich erinnere mich noch an den Tag, an dem ich bei meinem Sohn die Stützrädchen vom Fahrrad abmontierte. Das war ein großer Tag für ihn. Und es war auch für mich ein ganz besonderer Tag. Wir standen oben auf einer leichten Anhöhe im Park, ich hielt sein Fahrrad fest, flüsterte ihm noch ein paar letzte Anweisungen und Ermutigungen ins Ohr, gab ihm einen Kuss auf den Kopf ... und schon sauste er davon.

Meine Frau und ich beobachteten, wie sein blonder Haarschopf mit jeder Unebenheit im Gelände hochwirbelte, und dieser Anblick wurde für mich zu einem Sinnbild. Unser Sohn war in diesem Augenblick nicht nur unser Schüler, sondern zugleich unser Lehrmeister.

An diesem Tag fuhr er nicht sehr weit. Aber eines Tages tat er es. Er musste es tun. Dazu war er geschaffen worden. Er war nicht unser Eigentum. Wir hatten nur die Aufgabe, ihn auf den Tag vorzubereiten, an dem seine eigenen Wege und Pläne ihn über den Hügel und aus dem Blickfeld unseres Lebens tragen würden. Das ist eine schmerzliche Tatsache, doch so muss es sein. Und das ist gut so.

Noch war er an uns gebunden. Noch konnten wir ihn zum Abendessen ins Haus rufen. Noch war er nah genug, um um Hilfe zu rufen, wenn er auf einen Baum geklettert war oder nach der Lösung eines der vielen kleinen Rätsel des Lebens suchte.

Doch die Abhängigkeit der jungen Jahre sollte schließlich der Unabhängigkeit des Heranwachsenden weichen. Und während er allmählich aus unserem Leben herausradelte, mussten wir uns zu der mutigen Entscheidung durchringen, ihn ziehen zu lassen. An jenem Tag meisterte er das Fahren auf zwei Rädern, irgendwann aber würde er doch wieder auf vier Rädern fahren wollen. Er würde sich die Autoschlüssel schnappen und aus dem Haus stürmen.

Unser Sohn meisterte seinen ersten Tag ohne Stützräder, so wie er die vielen anderen Lektionen seiner Kindheit und Jugend gemeistert hat. Als wir damals zum Auto zurückkehrten, hielt ich in der Linken das Fahrrad meines Sohnes und in der Rechten die Hand meiner Frau. Ihr fester Händedruck zeigte mir, dass sie meine Gedanken teilte. Als wir unseren Sohn da so selbstbewusst vor uns hermarschieren sahen, wussten wir, dass er uns eines Tages aus dem Fenster seines eigenen Wagens heraus zuwinken würde, um für immer aus unserem Leben zu verschwinden. Dieser Tag wird eher kommen, als Sie denken. Das liegt daran, dass einem in der Kindererziehung die Tage lang erscheinen – die Jahre aber vergehen wie im Flug.

Nach: *Homegrown Heroes*

Quellen

Die einzelnen Kapitel dieses Buches sind adaptiert aus verschiedenen Werken von Dr. Tim Kimmel:

- *Basic Training for a Few Good Men,*
  Thomas Nelson Publishers, Nashville, 1997
- *Extraordinarily Average*
- *Grace-Based Parenting,*
  W Publishing Group, Nashville, 2004
- *High Fives*
- *I Don't Do Windows*
- *The High Cost of High Control,*
  Family Matters, Scottsdale, Arizona, 2005
- *Homegrown Heroes,*
  Family Matters, Scottsdale, Arizona, 2005
- *Little House on the Freeway,*
  Multnomah Publishers, Sisters, Oregon, 1994
- *My Criminal Record*
- *Raising Kids for True Greatness,*
  W Publishing Group, Nashville, 2006
- *Raising Kids Who Turn Out Right,*
  Family Matters, Scottsdale, Arizona, 2005
- *Road Hats*
- *When Virtues Collide*
- *Why Christian Kids Rebel,*
  W Publishing Group, Nashville, 2004

Lebt immer mehr aus der Gnade
unseres Herrn und Retters Jesus Christus
und lernt ihn immer tiefer erkennen.
Ihm gehört die Ehre, jetzt und in Ewigkeit!
Amen.

2. Petrus 3,18